基于认知语言学的
大学英语教学研究

张 慧 著

中国书籍出版社
China Book Press

图书在版编目（CIP）数据

基于认知语言学的大学英语教学研究/张慧著.--北京：中国书籍出版社，2022.12

ISBN 978-7-5068-9285-8

Ⅰ.①基… Ⅱ.①张… Ⅲ.①英语—教学研究—高等学校 Ⅳ.①H319.3

中国版本图书馆 CIP 数据核字（2022）第 212542 号

基于认知语言学的大学英语教学研究

张 慧 著

责任编辑	毕 磊
装帧设计	李文文
责任印制	孙马飞　马 芝
出版发行	中国书籍出版社
地　　址	北京市丰台区三路居路 97 号（邮编：100073）
电　　话	（010）52257143（总编室）（010）52257140（发行部）
电子邮箱	eo@chinabp.com.cn
经　　销	全国新华书店
印　　刷	天津和萱印刷有限公司
开　　本	710 毫米 ×1000 毫米　1/16
字　　数	228 千字
印　　张	12.25
版　　次	2023 年 3 月第 1 版
印　　次	2023 年 7 月第 2 次印刷
书　　号	ISBN 978-7-5068-9285-8
定　　价	72.00 元

版权所有　翻印必究

前　言

　　认知是人类的重要机能之一，其运作主要是基于人类的思维。人类通过自身思维的发展开始创造和使用语言进行交际，从这个意义上说，认知与语言有着密切的联系。具体来说，认知作用于语言，从而促进语言形式的完善与发展，而语言的发展又会带动人类认知的提升。认知语言学就是通过认知的角度对语言进行研究的学科。认知语言学的出现为语言学的研究提供了一种新的思路，这种新思路已经经历了30多年的蓬勃发展。进入21世纪，认知语言学的研究开始出现与其他学科相结合的明显趋势，产生了新的研究视角。英语作为国际通用语言，其重要性不断提升，掌握系统的英语语言知识，具备良好的英语语用能力，成为对当代应用型人才的衡量标准之一。但是，在经济全球化和区域一体化的带动下，社会对英语人才的要求有所提升，需要人才具有高度的实用性与创新性，因此进行英语教学改革成了人才培养的重要举措。将认知语言学理论应用到英语教学改革中，能够使教师和学生了解人类语言的形成与发展机制，从而优化教学路径，提高学习效率。

　　本书共八章内容。第一章为英语教学与认知语言学概述，主要内容为英语教学的主要方面、英语教学的指导理论——认知语言学、英语教学的发展与变化和认知语言学与英语教学关系；第二章为基于认知语言学的英语词汇教学探讨，内容包括当前英语词汇教学的问题、英语词汇教学的策略分析以及在认知语言学指导下英语词汇教学的开展；第三章为基于认知语言学的英语语法教学探讨，论述了当前英语语法教学的问题、英语语法教学的良好改进策略和在认知语言学指导下英语语法的分析；第四章为基于认知语言学的英语听力教学思考，主要介绍了当前大学英语听力教学的问题、当前英语听力教学的重要发展和基于认知理论的大学生英语听力发展；第五章为基于认知语言学的英语口语教学分析，论述了当前英语口语教学的问题、英语口语教学模式与方法的发展和基于认知语言学的大学英语口语教学的分析探讨；第六章为对基于认知语言学的英语阅读教学，主要内容为当前英语阅读教学问题的分析、当前英语阅读教学模式的新发展以及基于认知语言学的英语阅读分析；第七章为基于认知语言学的英语写作教学探讨，内容包括当前英语写作教学的问题、当前英语写作教学的策略分析以及基于认知语言学的英语写作分析；第八章为基于认知语言学的英语翻译教学探讨，详细论述了当前英语翻译教学的综合分析、当前英语翻译教学的要求以及基于认知语言学的英语翻译分析。

在撰写本书的过程中，作者得到了许多专家学者的帮助和指导，参考了大量的学术文献，在此表示真诚的感谢。本书写作力争做到内容充实，论述条理清晰、深入浅出，但由于作者水平有限，书中难免会有疏漏之处，希望广大同行及时指正。

作者

2022 年 9 月

目　录

第一章　英语教学与认知语言学概述 ·· 1
　第一节　英语教学的主要方面 ·· 1
　第二节　英语教学的指导理论——认知语言学 ······························· 17
　第三节　英语教学的发展与变化 ··· 25
　第四节　认知语言学与英语教学关系 ··· 29

第二章　基于认知语言学的英语词汇教学 ·· 42
　第一节　当前英语词汇教学的问题 ·· 42
　第二节　英语词汇教学的策略分析 ·· 45
　第三节　基于认知语言学的英语词汇教学的开展 ··························· 49

第三章　基于认知语言学的英语语法教学 ·· 54
　第一节　当前英语语法教学的问题 ·· 54
　第二节　英语语法教学的良好改进策略 ·· 56
　第三节　基于认知语言学的英语语法的分析 ·································· 63

第四章　基于认知语言学的英语听力教学 ·· 66
　第一节　当前大学英语听力教学的问题 ·· 66
　第二节　当前英语听力教学的重要发展 ·· 70
　第三节　基于认知理论的大学生英语听力发展 ······························· 79

第五章　基于认知语言学的英语口语教学分析 ·································· 87
　第一节　当前英语口语教学的问题 ·· 87

  第二节 英语口语教学模式与方法的发展 …………………………… 91
  第三节 基于认知语言学的大学英语口语教学的分析 …………… 106

第六章 基于认知语言学的英语阅读教学 ……………………………… 110
  第一节 当前英语阅读教学问题的分析 ………………………… 110
  第二节 当前英语阅读教学模式的新发展 ………………………… 116
  第三节 基于认知语言学的英语阅读分析 ………………………… 130

第七章 基于认知语言学的英语写作教学 ……………………………… 138
  第一节 当前英语写作教学的问题 ………………………………… 138
  第二节 当前英语写作教学的策略分析 …………………………… 144
  第三节 基于认知语言学的英语写作分析 ………………………… 158

第八章 基于认知语言学的英语翻译教学 ……………………………… 166
  第一节 当前英语翻译教学的综合分析 …………………………… 166
  第二节 当前英语翻译教学的要求 ………………………………… 176
  第三节 基于认知语言学的英语翻译分析 ………………………… 183

参考文献 ………………………………………………………………………… 188

第一章 英语教学与认知语言学概述

本章主要内容为英语教学与认知语言学概述,分别论述了英语教学的主要方面、英语教学的指导理论——认知语言学、英语教学的发展与变化以及认知语言学与英语教学关系。

第一节 英语教学的主要方面

一、英语教学的内涵

教学是借助于一系列的外部事件来刺激和支持学习者学习的过程,这一实际活动旨在促进学习者的学习和全方位的发展,进而培养出符合社会需要的人才。当代大学英语教学亦是如此,英语教学本身作为一种教育实践活动,是一个兼具复杂性、综合性特点的概念。对大学英语教学内涵有一个全面、系统的理解和把握非常关键,有利于教师在具体的教学实践中有的放矢。

(一)英语教学的人文内涵

在当代大学英语课堂教学中,大学英语教师更为关注的是语言工具的技能性,往往容易忽视对语言、文化等人文内涵的渗透,进而使当代大学英语课堂的人文内涵意识相对薄弱。事实上,英语教学是借助于听、说、读、写、译这五大项目的教学使接受培养的对象即学习者具备并能够熟练地运用英语这一语言工具进行交流的素养和能力。因而,人文教育在当代英语教学中所发挥的作用不容小觑。任何一种语言都不是独立存在的,都往往同当地的历史内涵以及文化背景等存在着密切的联系。要想对一门语言有很好的掌握并能熟练运用,通常也需要对英语的历史内涵以及文化背景有充分的认识和把握。那么,在当代英语教学中,不仅应高度重视培养学习者的语言能力，而且还应注重人文内涵的渗透，应着眼于培养兼具语言应用和文化涵养的综合型的人才。

大学英语教学的人文内涵有着非常宽泛的范围，具体包括对英语语言国家历史、习俗以及民族文化等的使用等，这一内涵也是民族长期以来的变迁和发展慢慢积淀的精华。作为当代的大学英语教师，也应具备从多个角度来认识英语人文内涵的基本素质。不仅应在具体的教学实践中贯彻以学生为本、注重学习者全面发展的教育理念，而且还应兼顾学习者智力因素发展和非智力因素的全方位发展，将学习者视为动态发展着的个体，这些学习者具有不可估量的发展潜能和极大的可塑性。当代的大学英语教师还应在具体使用教材的过程中，注重人文内涵方面的分析和阐述，尤其应适当融入一些礼仪、历史、艺术等方面的内容，或者开展一些具有生活性、现实性特点的语言教学活动。只有教师具备了较高的人文素质，并且教师能够将人文内涵的教学内涵切实、认真地贯彻于英语教学实践中，才能更有效地促进教学内容的丰富、教学途径的全面和教学方法的完善。

总体来说，根据人文主义教育的核心价值观念，教育以实现人性的完美为其终极目标。在英语课堂内外所开展的任何与英语语言相关的讨论和活动，所做的任何教育实践都是人文主义的强化教育，也都是旨在实现学习者各项语言技能的提升，进而让学习者成为品格高尚、个性突出、感情丰富并适应社会发展的新时代的人才。

（二）英语教学的通识教育内涵

通识教育属于高等教育的重要组成部分，大学英语教学属于高等教育的重要组成部分。

英国的教育学家纽曼对通识教育做出了自己的定义，他在《大学的理念》一书中这样说："通识教育的目的是打开心灵，纠正它、净化它，让它能认识、消化、掌握、统治、使用其知识，给予它控制其才能的力量，具有应用性、灵活性，方法、批评的准确性，聪慧、谋略、举止、流利的口才。"[①] 我们在对纽曼的理论进行分析后可以发现，通识教育可以培养和提升学习者的个人潜能，不仅能够让学习者在身心健康、智力发育、个人品格等方面得到均衡的发展，而且能够让学习者实现个人的价值，为社会的发展做出自己的贡献，这些内容是将"全人"教育作为

---

① 陈茜. 大学英语教学的通识教育内涵——从教育生态学角度 [J]. 新校园, 2016（2）: 6.

通识教育理论基础的理由。如果从性质的角度出发，所有的大学生都应该接受多种多样的课程教育内容，这是高等教育的课程要求之一。如果从培养目的的角度出发，通识教育培养的人才是全方位发展的现代社会人才，这些人才必须能够积极参与到社会活动和社会的生活中，并且具有一定的社会责任感。如果从内容的角度出发，通识教育中的知识覆盖的范围是非常广泛的，而且出于非功利性的目的培养学习者，不仅能够培养学习者的基本理论知识，还能培养学生的技能和态度。通识教育知识的内容是非常多样的，从大的方面来说，包含自然科学与技术、人文科学和社会科学三个方面。

下面我们以"通识教育"中的"通"字为例，说明通识教育的内涵。这里的"通"和融会贯通是同样的意义，就是指不同专业之间的理论知识可以相互交流，如果在学习过程中遇到了困难比较大的问题时，可以使用其他学科和专业的知识对问题进行有针对性的解决，扩大思考的范围，在进行专业知识的沟通和专业化协作过程中，可以增强自己对自己所在专业知识的理解。另外，教育生态学的相关观点告诉我们，大学英语教学体系也是一个生态系统，这个生态系统以教学活动的开展为中心。教学环境、教学主体（由教师和学生组成）共同构成了一个英语的生态系统。生态系统中的教学环境一般有三种类型，分为规范环境、自然环境、社会环境。自然环境是社会环境形成的前提和基础，社会环境的建立要依靠自然环境的作用。教学的规范环境有下列两方面的内容。

（1）教学的规范环境首先包括了被社会成员大范围接受的教学价值观、教学规范和教学态度，这些内容的制定要从教师和学生的需要出发。

（2）教学的规范环境指的是教学要求、教学理念、评估标准、教师和学生的认知观以及课程的设置目标等。

学生和教师这些教学主体以及非生物因素范畴的教学环境在相互影响、相互作用下共同构成了一个统一的、包括了物质—能量—信息传递功能的组合体，这就是我们通常所说的大学英语教学生态系统。通识教育的内容在教学生态系统中也有所体现，并以语言教学的课程作为生态系统形成的基础，生态系统的目标是普及世界文化知识、社会知识和自然知识。

大学英语教学生态系统的建设目的和组成都能够说明：在高校通识教育中，大学英语教育的内容是至关重要、不可或缺的。生态系统的目的还包括了提高学生自主学习能力，提升学生的综合文化素养以及锻炼学生应用知识能力等内容。在该理念的指引下，当代的大学英语教学也不仅是一门语言基础课程，同时还涵盖社会知识、自然知识以及世界文化这几大方面的综合教学体系。

（三）英语教学的基本内涵

通常而言，我们所谈到的英语教学是一种非常常见的教育活动。从教师的角度来看，它是教师引导学生学习的教育活动。从学生的角度来看，它是学生在教师的引导下的学习活动。学生能否得到真正、全面的发展是教学目标能否实现的关键。同时，教学本身也是一个师生互动的过程，不仅是教师教的过程，而且也是学生学习并在学习过程中全面发展的过程。基于此，可将当代大学英语教学的基本内涵归纳为如下几点。

其一，英语教学是有目的的活动，在各个不同学段、学年、学期中，不同的教材、单元、课文、活动有着不同的教学目的与教学目标，而教学目标又可分为不同的领域或层次。

其二，英语教学具有一定的系统性和计划性，这种系统的计划主要是由教育行政机构、学校和教师制订的。

其三，英语教学需要有具体的内容，即英语词汇、语法、语音、写作、阅读等具体知识和技能的传递。教学需要采用一定的教学方法和教育技术。教学有着深厚的历史积淀，形成了大量有效的方法。现代科学技术，尤其是信息技术的发展，为教学提供了可以借助的多种多样的教育技术。

在上述对英语教学内涵进行分析的基础上，可对英语教学界定如下：英语教学是在有计划的系统性的过程中，依据一定的内容，按照一定的目的，借助一定的方法和技术，教师引导学生认识世界、学习和掌握知识与技能，进而使其得到全面发展的活动。

二、英语教学的要素

教学要素具体指的是构成教学系统或活动的元素、单元等。教学要素是教学论学科建构的理论基石。事实上，教学活动中的要素很多，受篇幅的限制，很难一一详细探讨。但是，存在着一些基本的教学要素，这些教学要素对教学活动起着质的规定性作用，并且是构成教学活动的充分、必要的条件。总体来说，对教学的基本要素进行探讨和研究有利于实现教学效果的最优化。在此就围绕一些基本的英语教学要素进行探讨和分析。

（一）教学目标要素

教学目标具体指的是教学目的和人才培养的具体化，它是教学目的、学校的人才培养目标得以实现和确保教学活动有秩序运行最为首要的要素。按照不同的划分标准，可以将教学目标分为不同的类型。如果从人力发展这一角度进行分析，可以把教学目标分为体力发展目标、心力发展目标、智力发展目标三个内容；如果从课程设置和分类的角度出发，教学目标有这样六个类型：单元教学目标、学年教学目标、学期教学目标、课时教学目标、各学科课程教学目标、学校总体教学目标。

从课程角度对教学目标所做的分类较好地反映了学校对教师与学生、教师对学生、学生本人在某一特定阶段、时间点上的基本任务、具体要求和所预期达到的教学效果。

（二）教学对象要素

教学涉及教师的"教"和学习者的"学"这两大方面，因而教师和学习者这两大教学对象可以说是当代大学英语教学中最为基本的要素。

1. 教师要素

在具体的教学活动中，教师这一要素必不可少。在当代新时期的教学环境下，教师依然发挥着至关重要的作用。教师不仅在具体的教学中担当多元化的角色，同时还应具备很高的素养。

（1）教师的多元角色

教师在当代英语教学中应充当以下几方面的角色：设计者、合作者、开发者、评估者。

一是设计者。当代的大学英语教师，都应按照教学大纲的具体要求，并结合学生的学习情况和实际，设计并制订出培养学生听、说、读、写等方面的技能的总方案总任务。例如，词汇量的掌握情况、必听材料的甄选等。通过教师的精心设计尽量能让学生明确哪一部分的任务需要在有效的课堂时间内完成，哪一部分的内容可借助于网络自主学习的方式或在课后进行学习。这样才能让学习者明确自己努力的方向和目标。同时，当代的英语教师还应对学习者的具体的专业需求进行分析，然后设计出具体、切实可行的学习任务和方案。换言之，要求教师充分考虑学习者当前的语言知识水平的差异以及学生的个体差异。在此基础上针对不同学生的特点，做出其各阶段相应的学习设计，力求其学习效果的最优化。事实上，教师将自己的教学与学生的学习设计有机结合并非易事，需要教师花费很多心思和精力来深入、细致地研究学习者的学习风格、知识结构、学习意向和环境等，并确定理想的教学内容和步骤以及相应的认知策略等，创造积极有利的学习条件和氛围，最终促成以学生为中心培养其自主学习能力这一教学目标的实现。

二是合作者。在当代的大学英语教学中，对于教师和学习者之间的关系，还应逐渐打破传统教学中教师占绝对优势的情形，教师应以合作者的角色同学习者共同来建构学习，并确立具有平等、民主特点的师生关系，消除学生同老师交往的心理障碍，确立平等交往的对话关系，以利于相互间的沟通和交流，这也是同信息民主化、教育信息化这一大的背景和发展趋势相适应的。教师的工作重点也不再仅是对信息进行分发和传播，其"传统权威"开始逐渐被淡化，师生间的界限也趋向于淡化，教与学的互换变得更加频繁。教师作为教学活动中的合作者还应构建兼具平等、民主、合作特点的教室"文化生态"，创设和谐、融洽的学习氛围，这样才能更有利于学生的自由表达和自主探究性学习，进而形成一种相互尊重、相互影响、共享知识的教学氛围。

三是开发者。教师还应在当代英语教学中充当开发者的角色。也就是说，教师不仅应按照教学大纲、教学目标以及教学内容材料等选择恰当的媒介，还应在这一过程中对教学资源进行开发、收集和整合，不断地丰富和充实教学资源。

四是评估者。在当代大学英语教学中，学习者还希望教师能够及时、有效地针对其在具体学习过程中的表现进行评估，这也就要求当代大学英语教师充当评估者的角色。教师在具体的教学过程中对学生的评估和判断对学生意义重大，不仅能够让学习者对其今后学习中应注意的问题有更加清楚、明确的认识，而且能让学习者明确自己的努力方向。因此，教师的评估应力求客观、公正。大学生作为被评估的对象，通常对教师的评价非常敏感，针对这种情况，教师在教学中，应尽可能给予学生积极、正面的评价，更多的理解和关爱，避免由于评价过低而挫伤学生的积极性。

（2）教师的素养要求

大学英语教师的素养对大学英语教学也起着非常重要的作用。通常，当代大学英语教师应具备以下几方面的素养。

第一，系统化的专业知识。当代大学英语教学应具备系统化的专业知识，具体包括以下几个方面。其一，要求大学英语教学不仅应掌握标准化的英语语音、语调，英语语言、文学、文化这几大方面的内容，同时还应具备足够多的词汇量，扎实的语法修辞和文体方面的知识。其二，应灵活掌握并运用教育学科的知识，主要包括现代教育思想和理念、教学方法、教学技术以及教育理论等。这些内容都是大学英语教师形成现代教育观、教学观、学生观、人才评价观的坚实基础。此外，大学英语教师还应对世界各国的历史地理、社会制度、文化传统、价值观念以及政治结构等方面的知识有所了解。

第二，积极、健康的身心素质。从实质上进行分析，教育本身其实是教师本人良好的情感传递和转化的过程。相应地，就需要大学英语教师具备积极、健康的身心素质，这样才能满怀激情地传递给学习者更加丰富、充盈的知识。作为当代的大学英语教师，应有着热爱教育事业的职业理想和诲人不倦的道德情感。同时，还应树立为人师表、严于律己的道德形象。只有教师拥有了积极、健康的身心素质才能诱发学生奋发向上的情感，营造轻松、愉快的课堂氛围，也更加有利于帮助学生更好地接受知识、掌握语言技能。同时，教师本身还承担着艰巨的教学、科研以及行政管理等任务，健康积极的身心素质和承受能力有利于教师本身抵抗压力，也有利于教师以更充沛的精力更好地投入教育教学活动之中。如此，才能更加有利于大学英语教学的目标的实现。

第三，科研创新素质。具体而言，科研创新素质要求当代大学英语教师应立足学术的前沿，有意识和有目标地对新知识、新理念进行吸收和消化。唯有此，才能真正地形成由新知到新创的强大的学术更新能力。例如，可从现代语言学、语用学、课堂教育心理学等学科中捕捉最前沿的学术新知识、新研究，经过长时间的积累将这些研究有机整合到教师自身的相关研究和以创造目标为核心的知识结构中。与此同时，教师还应结合自身真切的教学经验和感悟，提炼出独具个性和富有创意的大学英语教学方法以及教学风格等。

第四，精湛的教学实践素质。精湛的教学实践素质也是当代大学英语教师必须具备的素养，这一素养是大学英语教师借以保证大学英语教学顺利开展和实现其大学英语教学培养目标的重要保障。具体而言，教师精湛的教学实践素质主要体现在以下几个方面。其一，当代的大学英语教师应对大学英语教材体系有足够的认识和充分的掌握，并能准确地理解大学英语教学将英语语言知识和应用技能、学习策略、跨文化交际作为主要内容的教学要求。对教学目的和重点的明确认识也旨在培养学生的英语综合应用能力。其二，大学英语教师要具备精湛的教学实践素质，还应从教学设计与实施、教学评价能力这几方面下功夫，并能将自己所掌握的专业知识、科学文化知识和教育科学知识等与教学有机结合起来，逐步形成独具个性的专业知识结构与能力。大学英语教师必须从自身的教学能力以及教学的各环节入手，努力提升其专业技能，对教材和学生的学习情况进行潜心研究，制订与学生相符的教学方案并促成其顺利实施。

第五，熟练操作现代多媒体设备的素质。在高科技迅猛发展和多媒体技术广泛运用的趋势和背景下，当代的大学英语教师还应具备熟练操作现代多媒体设备的素质。具体而言，教师可根据现有的教学条件和学生的实际学习需求，拓展多媒体教学空间，充分利用并发挥计算机、网络以及教学软件等手段的优势，使英语语言知识得到直观、感性地呈现，让学生能够真正地"浸入"英语国家的语言文化氛围中。大学英语教师还应充分挖掘与学生学习水平相匹配的英语学习网站，引导学生去认识并理解异域文化，以建立合理、开放的认知—理解—吸收的英语语言和文化的行为模式和价值取向。此外，当代大学英语教师还可以设计并开发与英语教学相关的交互性教学软件，将这些教学软件具体应用于教学实践活动中，为学生营造一个兼具知识性、趣味性和实用性的交际教学模式。

2. 学习者要素

学习者是诸多教学构成要素中最有影响力的要素。在具体的英语教学实践中，学习者也扮演着多重角色并且有其个体差异。

（1）学习者的角色

在具体的英语教学实践中，学习者主要扮演着合作者、参与者、反馈者这几种重要的角色。

一是合作者。英语课堂教学活动的开展离不开教师与学生、学生与学生之间的密切配合，因而学生应与其他成员积极合作，并在合作过程中相互学习、互相帮助、彼此促进以实现共同的提高。

二是参与者。学习者还是英语教学的主人，在英语教学中应以积极主动的姿态参与到各项具体的教学实践活动中，积极思考、勤于表达，并在活动中充分展示自己的才能，提高自己的沟通、理解、协调能力。

三是反馈者。在英语教学中，学生对教学的反馈是教师教学的重要依据，可以帮助教师及时纠正和调整教学思路与措施。因此，学生应与教师及时、真诚地交流自己的学习感受，就教学法的实用性向教师提出建议或意见，以此促进英语教学的顺利开展。

（2）学习者的个体差异

教育以培养人为其根本目的，教师应根据学生的个体差异选择适合的教学材料和方法，制订相应的教学计划。因此，教师掌握学生生理、心理发展的规律和个体差异对教学实践而言意义重大。

首先是智力上的因素。认知方面的能力是智力能力的具体表现，它包括了想象力、抽象逻辑思维能力、记忆力、注意力、观察力等内容，也是进行抽象思维、解决问题和学习的能力。国内外的学者对智力的分类可谓见仁见智，其中加德纳（Gardner）的多元智力理论最大限度地迎合了不同文化背景下学习者的需求，并且得到了人们的广泛认可。根据加德纳的观点，"智力"具体指的是特定文化背景下的一种解决问题或制作产品的能力。人类智力具体包括以下八大类型。第一，逻辑—数学智力，这种类型的人的智力具体指的是其敏感的辨别能力，逻辑或数字的思维方式，进行连锁推理的能力。第二，自我认识智力，这种类型的人的智力具体指的是其能对自己的感觉进行把握和辨别的能力以及借助于自己的感觉对行为进行指导，同时了解自身的强弱项、需要和智力的能力。第三，身体运动智力，这种类型的人的智力具体指的是其对身体运动的控制能力和能够熟练操作器械的能力。第四，自然智力，这种类型的人的智力具体指的是其对自然物种的敏感性，能够进行精细的感觉辨别。第五，空间智力，这种类型的人的智力具体指的是其对视觉空间精确的感知能力，并且能够对最初的感知进行修正。第六，交际智力，这种类型的人的智力具体指的是其对他人的脾气、心情、动机和需要进行辨别以及做出恰当反应的能力。第七，音乐智力，这种类型的人的智力具体指的是其对节奏、音调和音质的创造能力和欣赏能力,对音乐表达方式的欣赏能力。第八,语言智力,这种类型的人的智力具体指的是其对声音、节奏和词义的敏感性,对语言不同功能的敏感性。

人的智力水平通常同英语学习效率存在一定的关系,它不仅能够很好地预示一个语言学习者能取得何等程度的成功,并且,在具体的英语学习过程中,智力对词汇、语法、阅读、写作这几大方面都会产生很大的影响,但是对听力、口语这两方面的学习的影响相对要小一些。因此,作为当代的大学英语教师,也应对学生在智力因素上的差别尤加注意,避免教学过程中的千篇一律,应为不同的学生分配不同的学习任务,并提出与之相契合的学习要求。与此同时,大学英语教师不能绝对地运用智力差别的标准对学生的口语能力进行衡量。

二是语言潜能。语言潜能其实是一种相对比较稳定的天资,它具体指的是学习外语所需的认知素质或学习外语的能力倾向。通过对学习者的语言潜能进行分析能够预测其学习外语的潜在能力。根据卡罗尔的观点,外语学习的能力主要包括以下四个方面:归纳性语言学习能力具体指的是有关语言材料的组织和操作;联想记忆能力具体指的是关于新材料的吸收和同化;语法敏感性具体指的是从语言材料中对语言规则进行推断的能力;语音编码解码能力具体指的是关于输入处理的能力。不同的学习者通常会在语言潜能上存在着明显的个体差异。作为当代大学英语教师,应努力了解学生的语言潜能,使学生针对不同的学习任务在不同场合发挥各自的长处,以实现教学效果的最优化。

三是认知风格。认知风格具体指的是个体在认知过程中所表现出来的习惯化的行为模式。更进一步说,就是在进行接收、储存、转化、提取和使用等信息加工过程中所表现出来的认知组织和认知功能方面持久一贯的风格。不同的学习者通常具有不同的认知风格,并且不同类型的认知风格往往也有着不同的优势和不足,没有绝对完美的认知风格。同时,认知风格和学习者的成绩之间也不存在必然的联系。认知风格通常会对教学活动产生相应的影响,具体表现在以下两个方面。其一,认知风格会影响到学习者的学习策略和教师教学策略的选择。其二,当教师的教学能够和学生的认知风格符合时,整体学习的环境也能够为学生的学习提供帮助,学生的学习成绩能够得到提高。所以,为了更好地开展教学活动,教师应该在了解学生认知特点的基础上,改进自己的教学内容,而且教师还应将自己的教学特点同学生的认知特点有机结合起来，结合不同的学习任务、学习环境因材施教，妥善引导，借此来优化教学效果。

（三）教学内容要素

教学内容就是我们通常所说的"课程"。英语学科的教学内容要素可以说是当代英语教学活动中最具有实质性特点的要素。该要素包含以下三大内容：（1）国家规定的具体教学计划；（2）教学大纲；（3）教科书的总称。这一要素对学习者在具体的教学实践活动中所应掌握的语言知识、语言技能体系以及思想政治方向都有明确的规定。正因为有了对教学内容这一基本要素的明确规定，英语教学活动才具有了自身特殊性的对象。教学内容具体指的是学校培养学生在德、智、体这几方面都能得以发展的基本活动内容，同时也是学校实现其教育目的和培养合格人才的重要保证，更是学习者实现其各项素质全方位发展的非常重要的条件。

（四）教学环境要素

教学环境要素也是当代英语教学中非常重要的要素之一。具体而言，教学环境指的是一些同教学相关，对教学产生影响并且通过教学影响学习者和教师的各要素的总体。教学环境要素也具有复杂、多样的特点，具体包括两大类型，分别是物化环境和人文环境，其中物化环境又包括教学自然环境和教学物质环境；人文环境又包括教学观念环境和教学人际环境。

事实上，实际中的校园教学环境是由多种多样的要素组成的具有综合性特点的环境。如果从更广阔的范围进行考虑，可以扩展到教学社会环境。如果从更微观的角度进行分析，又可具体到班级或课堂教学环境。任何类型的教学都需要在特定时空条件下即教学环境中进行，因而充分重视教学环境这一要素也能为教学活动提供良好的外部空间。

良好的教学环境不仅能帮助教师有效地加工语言输入材料，科学地设计语言练习，创设良好的课堂英语使用环境，同时还有利于教师在不断学习和实践中探索优化课堂教学环境的策略，达到教学相长。因而，力求营造设备先进、和谐、民主、风景优雅的教学环境非常必要和关键。

（五）教学评估要素

教学评估具体指的是对教学工作的质量所进行的分析、检查、测量以及评定等。英语教学中有了教学评估这一要素才能使教学更加系统和完整。具体而言，教学评估是以参与教学活动的教师、学习者、教学目标、教学内容、教学方法、教学设备、教学场地、教学时间等诸多要素的有机组合的过程、结果作为评价对象，而对完整的教学活动的整体功能所进行的评估。

具体而言，教学评估包括针对学生的学业成绩进行的评估、针对教师的教学质量和课程进行的评估等。总之，教学评估不仅是一种具有目的性和计划性的实践活动，同时还是确保教学目的得以实现的一种非常重要的手段。我们应充分重视教学评估要素在英语教学中所发挥的作用，它不仅仅代表着一个教学活动阶段的结束，同时也是下一教学活动开始的重要标志。因而可以说，缺少教学评估要素的英语教学是一种不完整、不系统的教学。

三、英语教学的基本原则

教师掌握了大学英语教学的基本原则，也就能够对英语教学的基本规律有一个基本的了解，同时也能开展对教材的研究和选择适合自己的教学方法。在了解英语教学基本原则之后，教师就能够提升自己的教学效果，从而提高学生的学习成效。因而，探讨大学英语教学的基本原则非常必要。

（一）学用结合交际性原则

使用英语与英语国家的人进行流利交流是学习英语的最终目的。也就是说，英语教学的关键问题就是使用英语进行交流和交际的活动。在现代社会的英语教学过程中，英语教师要将交际性的问题融入英语的教学过程中，实现学习和应用的结合。该原则具体包括以下几方面。

（1）为了提升学生利用英语进行交流的实际效果，并在交流的过程中自如地使用，教师要利用多种方法为学生创设交流的环境，给学生提供真实的英语运用和交际练习机会。学生应该抓住练习机会，通过反复操练，逐步培养运用英语这门语言进行交际的能力。教师还要让学生清楚地认识到英语这门语言是一种交际工具，并引导学生把英语作为交际工具来学、来用，力争做到英语课堂教学交际化。

（2）大学英语教师在课堂教学中坚持学用结合的交际性原则还应做到讲练结合、精讲多练。其中"讲"具体指的是讲授语言知识，"练"具体指的是进行语言实践。英语课必须充分重视语言实践，利用一定的时间讲授语言知识并结合语言知识的讲授进行语言实践，但是语言实践才是理论知识讲授的根本出发点，语言使用的实际需要决定了讲授知识的时机、方法、深度和范围，语言交流的基础是课堂中的语言锻炼。

（3）在英语教学中使用的操练方法不能够和实际场景中的语言交际活动等同起来。语言操练的练习看重的是学生对语言理论知识的掌握程度，而语言交际的根本目的是交流，让双方产生基本的了解。英语课上的实践内容也是多种多样的，有交际性操练、有意义的操练和机械练习等。在实际的教学过程中，教师应该先对课本上的知识进行机械练习，然后再开展有意义操练，最后是交际性的练习，这几种练习层层递进逐步接近语言交际，体现出一个由操练到交际的过程，使学生达到运用所学的新材料进行交际的目的。

（4）在使用学用结合的交际性原则过程中，教师还要重视对学生学习的监督，除课堂上的讲授之外，还要为学生布置适当的作业，开展奖励和评价等内容，可以建议学生在请教老师问题时使用英语，这样就能够在师生的交际过程中使用交际性的原则，培养学生使用英语的习惯。

（二）以学生为中心原则

在当代英语教学中，还应坚持以学生为中心的原则，这一原则也是同当代大学英语教学人文内涵所倡导的理念高度一致的，其具体体现在以下几个方面。

（1）以学生为中心要求教师心里时刻装着学生，使教学的一切工作围绕学生的学习进行。在课前备课、课中授课、课后批改学生作业时，教师都要考虑学生的心理和需要，分析学生掌握的情况，适时调整自己的教学方法和步骤以适应学生的需要。

（2）在课堂教学实践中，教师的主导作用和学生的主体作用相互协调与配合，才能保证教学的质量。教师在教学的过程中，必须以学生为中心，发挥自己的指导作用，为学生营造一个良好的学习氛围，如果学生在学习过程中，出现了困难，就要帮助学生解决问题，并培养学生自己解决问题的能力。所以，我们可以这样说，学生的需要是教师工作的出发点。例如，在学生遇到困难的时候，教师要及时给予帮助，使学生的困难得以及时解决并教授解决问题的方法；看到学生愿意接受学习任务且跃跃欲试时，教师应给予学生锻炼和展示自我的机会；看到学生的学习情绪低落时，教师要及时予以鼓励，提高学生的学习热情；学生在学习上取得成绩时要及时提出更高的要求，使学生戒骄戒躁、再接再厉。

只有坚持以学生为中心的原则，才能让学生明确学习的意义、学习内容和学习目标，使学生看到奋斗目标和已经取得的成就，使学生在学习中既看到奔头又有学习的信心，在学习的道路上百尺竿头、更进一步。

（三）循序渐进原则

在当代英语教学中，坚持循序渐进原则应做到以下几点。

（1）在学习语言的过程中，学生应先以口语开始并逐渐过渡到书面语。这其实也是同语言发展先有口语后有书面语这一历史规律相符合的。

（2）学生学习语言知识、语言技能以及使用语言的能力都不可能是一次达标，而是一个螺旋式发展的过程，在循环往复的过程中一步步加大难度、逐步深化。

（3）在听、说、读、写等语言技能的培养方面，也应坚持循序渐进的原则。教师和学生在英语教学中都应该首先侧重听说能力的培养，逐渐过渡到读写技能的培养；此外听说教学能使学生掌握正确的语音，学到基本的词汇和基本的句子结构，从而为读写能力的培养奠定基础。与此同时，从听开始的英语教学也符合中国英语教学的实际。

（四）趣味性原则

兴趣是最好的老师，是推动学生学习的最强动力。事实上，任何阶段的学生在对自己感兴趣的内容进行学习时都能较好地保持学习动力。学生只有对学习充满兴趣才会积极探求事物并带有感情色彩的认识倾向，兴趣是推动学生认识事物、探索知识、探求真理、从中体验学习情趣的推动力。所以我们是能够在学习的过程中发现乐趣的，学习的乐趣也能够在学习动机中起到重要的作用，并促进学生动机的产生。

学生对英语学习的兴趣大小，在一定程度上决定了学生英语学习的结果。所以，教师在实际的教学过程中，应该从兴趣出发，重视兴趣发挥的重要作用，在英语的实际学习过程中，应该结合多种学习方法的使用，让学生对英语的学习产生浓烈的兴趣，让学生爱上英语的学习，从而得到更好的学习效果，为了提升学生对英语的学习兴趣，教师应该从下面几个方法出发。

（1）教师要从学生的个性出发，尊重学生的学习主动性。教育不是一个被动接受的过程，教育的主体必须从学习主体的参与和体验感觉出发，创造出更新的课堂教学方式，让学生在教学的过程中不断提升语言和认知的水平。学生在课堂中发挥主体作用，教师在实际的教学过程中要从学生的特点出发，特点包括心理上的特点和生理上的特点，并结合学生学习的优势，以语言学习的客观规律为基础，使用多种教学的方法，提升学生学习的兴趣，在实践和丰富的感知中学习到英语的知识。

（2）改变强调死记硬背、机械操练的教学方式以及传统的英语测试方式。英语学习需要一定的死记硬背和机械操练的活动，但是机械性操练太多太滥则很容易导致课堂教学的死板与乏味，容易使学生失去或者降低学习英语的兴趣。为此，教师应该科学设计教学过程，以学生感兴趣的方式帮助学生获取知识，加速知识的内化过程，使他们能够在听、说、读、写等语言交际实践中灵活运用语言知识，变语言知识为英语交际的工具。学生在获得交际能力的同时，综合素质也会得到相应的提高，学生的学习兴趣会得到巩固与加强。另外，应试教育是学习兴趣的最大杀手。教师应该改变传统的英语测试方式，将评价活动和学生的日常学习内容结合起来，重视学生对英语测试的看法，并将学生在学习过程中的合作精神、交流能力、学习态度、学习习惯等内容融入评价中。

（3）注意挖掘教材中学生感兴趣的内容，并及时发现和收集学生感兴趣的问题，把这些问题作为设计教学活动的素材。教材是英语教学的核心，教师应该做好备课，在备课中认真地研究教材，挖掘教材中学生感兴趣的内容与话题，使每节课都有让学生感兴趣的内容和活动，以最大限度地调动学生的积极性。在英语课堂教学的过程中模拟日常生活中的交际形式，也是提高学生学习兴趣的一种重要方式。教师可以尽量把日常生活中的交际形式搬上课堂，如问候、打招呼、对人、物、画面的介绍等，为学生在实际交流中的英语使用提供基础。

（4）提升师生间的交流频次。众多的教学实践都显示出，教师的水平对学生的学习兴趣有着很大的作用，教师也能够影响学生对课程的学习积极性。学生们的家庭和环境都是不一样的，有不同的背景，有不同的性格特征，教师可以通过各种形式真心地与学生进行交流，与学生交朋友，赢得学生的尊重与喜欢，从而让学生敞开心扉与教师进行交流。教学的过程不单单是学生的学，也包括教师和学生的交流过程，学生对教学内容的兴趣会影响到课程知识讲授的进度，也会影响到学习的效果。积极的情绪能够建立起和谐的课堂氛围。教师不仅仅要在学习中严格要求学生，还要营造一种和谐的学习环境，通过一个眼神、一个手势、一个微笑、一句赞许的话去影响学生。教师要善于发现学生的进步并给予鼓励表扬，这不但可以培养学生的自信心和成就感，还是师生交流的一种方式。

（五）认知原则

在当代大学英语教学中，还应坚持认知原则。这一原则将英语这门语言的学习看作一种智力活动。在具体的教学实践过程中，该原则强调应充分发挥智力因素在教和学活动中所起的作用。认知过程会产生相应的结果，也就是"认知产物"。认知产物经过加工之后，能够在行为中很好地展现出来。就当代英语教学本身来看，认知原则着重强调在对语言规则充分、有效地理解的基础上来操练并使用英语。其中，英语教师的提示和指引就是认知过程最原始的出发点。在教师的帮助下，学生能够掌握并总结出一些规律，然后在此基础上逐渐学会主动地学。在当代英语教学实践中，贯彻认知原则应具体做到以下两个方面。

（1）认知原则要求应充分重视对英语社会知识和文化的认知和理解。

（2）认知原则要求注重培养学习者的识别力、观察力以及对源文化或英语文化的调查能力等。英语教学中所坚持的这一原则也是同瓦莱特（Valletta）对文化教学中的五种类型的总结和归纳相一致，即掌握礼节、理解日常生活、文化意识、理解文化价值、对目标文化的分析。

（六）灵活多样的原则

灵活性原则是兴趣原则的有力保障。同时，语言是一个充满活力、不断发展的开放性系统。因此，在大学英语教学中要遵循灵活性的原则。具体来说，教师在教学中应做到以下几点。

（1）教师的教学方法要有灵活性。英语教师在讲授语音、词汇、语法等语言知识和培养听、说、读、写、译等语言技能时要具体问题具体分析，要根据不同内容采取不同的教学方法。

（2）学生的学习方法要有灵活性。教师要指导学生积极探索合乎英语语言学习规律和符合学生生理、心理特点的自主性学习模式，使学生能够实现自我导向、自我激励、自我监控。

（3）语言使用要有灵活性。学习语言的最终目的是交流沟通。教师要通过自身灵活地使用英语带动学生使用英语。在课堂教学中，教师应尽可能多地用英语组织教学，使学生感到他们所学的英语是活的语言。此外，教师还可以通过灵活性的作业为学生提供灵活使用英语的机会。

第二节 英语教学的指导理论——认知语言学

一、认知语言学的定义

作为语言学科的一个新兴门类，认知语言学主要就是用认知的观点来解释"语言"同"认知"之间的关系，当然还有一些学者基于自己的理解对认知语言学的含义进行了界定。下面对国内外学者的一些有代表性和影响力的观点进行具体分析。

温格瑞尔（Ungerer）和施密德（Schmid）两位学者在《认知语言学入门》一书中对认知语言学的内涵阐释如下："认知语言学将语言看成一种认知活动。并将认知作为其出发点，对语言形式、意义和规律进行研究的科学，"该学科是基于人们对世界的经验以及对世界进行感知和概念化的方法对语言进行研究的学科。

莱考夫和约翰逊（Lakoff & Johnson）在 Philosophy in the Flesh（《肉身哲学》）一书中对认知语言学的解释是：认知语言学是一种语言学理论，该理论意图用第二代认知科学的发现来解释尽可能多的语言。就其本身而言，它吸收了第二代认知科学的研究结果，但不承袭任何一种成熟的哲学理论假设。其假设是方法论假设，即用恰当的方法得出最全面的归纳，寻求更广泛的趋同性证据，将语言学理论和思维与大脑的实验发现结合起来。

我国学者束定芳认为，认知语言学属于认知科学的一个分支，是认知心理学与语言学相结合的边缘学科。他认为，认知语言学的基本理论和思想最初引进我国是语言学界基于寻求与语法描写和解释充分性的需求相适应这一目的，并且认知语言学的引进为语言学的研究提供了崭新的视角。

总体来说，认知语言学将语言视为一种认知活动，并从人的角度出发研究语言的形式、意义及规律，是利用人类的经验和感知与概念化外部世界来研究语言学的学科。它强调人类认知能力的参与作用，认为语言无法直接反映客观世界，必须借助认知这一中间层次进行加工处理后方可。

二、认知语言学的性质与方法

（一）认知语言学的性质

语义是认知语言学的中心。概念结构主要体现为语义结构，而语义结构对于词汇结构、语法结构的形成起着促进作用。在认知语言学看来，其意义本质上是由人的主观决定的，它并不对语言意义、语用意义、百科词典的意义进行区分，而是侧重于语义背后相关世界的知识体系。

认知语言学是一种解释性语言，而不是描写性语言，目的是揭示出语言事实背后所隐藏的规律。其对语言现象的分析主要采用的是主体动态认知过程的二维图式，而不是将语言现象视作抽象符号表示的分节构造。

认知语言学非常重视语言的运用，强调从自然形态的视角把握语言。它认为，语法是在现实生活中自下而上得到的意象图式的庞大网络。语言运用者通过自身固有知识、记忆、状况把握等来激活网络的适当部分，从而实现对实际语言运用的规定。

认知活动是人类存在的共同基础，就这一观点来说，世界上的各种语言都存在某些共性，在这一框架内，由于文化各异，语言选择也会出现各种变体。认知语言学在承认不同的基础上对这些共性展开探讨，倾向于将人类语言的普遍性与个别语言的特殊性相结合。

（二）认知语言学的方法

概括来说，认知语言学的研究方法主要包括下面几种。

（1）从语音、单词、句子到话语，将广泛的语言现象作为语言研究的数据，采用自然观察法、内省法等方法，对直接反映认知活动的语言现象进行观察，找出语言的规律。

（2）将认知科学的研究理论与成果运用于语言研究中，探究语言结构与认知结构的共同规律。

（3）运用心理学实验方法，如通过阅读理解测试概念隐喻的心理实在性。

（4）广泛使用语料库作为数据，来补充上述内省法与实验法的不足。

三、认知语言学的研究内容

语义是认知语言学的主要研究对象。换句话说，认知语言学从包括词义、句义、语篇语义在内的语义角度来对语言进行探讨和研究。根据认知语言学的相关理论，语义是人的认知活动与认知能力的反映，因此在本质上是主体的、主观的。认知是人对客观世界进行感知和经验的结果，是人与外部世界相互作用的产物。而经验与认知的最基本层面在于范畴化、原型理论与意象图式。而隐喻与转喻主要是探讨不同事物的共同点来对外部世界进行合理解释的一种心理机制，因此这几大层面都属于认知语言学理论研究的重要内容。

（一）范畴化

范畴化（categorization）是认知语言学中的一个重要概念和理论，是指人类对世间万物进行分类的认知活动。正是因为这个活动，人类才具有形成概念的能力，语言符号才具有意义。同时，范畴化也是长期以来认知语言学的研究焦点。

范畴通常可以从以下两个方向进行分析。

（1）横向关系。横向关系是指范畴内各成员之间是并列的、互不从属的平行关系，横向关系中的重要理论是原型理论。

（2）纵向关系。纵向关系是指范畴内各成员之间是垂直关系，或称上下级关系，纵向关系关注的是基本层次。

在认知语言学研究中，纵向关系的研究是关注的重点。在纵向层次中，以基本层次为中心，上移则是上位范畴，下移则是下位范畴。因此，从范畴的纵向关系角度，可以将范畴分为三个层次：基本层次范畴、上位范畴和下位范畴。下面就对这三个层次分别进行论述。

1. 基本层次范畴

基本层次范畴通常是指最能满足人类认知和最能彰显文化的范畴。根据这一范畴，人们可以发现事物之间最大的差异。在基本层次范畴中可以发现范畴特性的最理想化结构，还可以发现世间万物之间的联系，因此这个范畴是最基本、最经济的范畴。

克劳福特和克鲁兹曾将基本层次范畴概括为以下几个方面。

（1）能够为日常活动提供参考。

（2）该范畴的名称以可数名词为主。

（3）构成清晰图像，且最具包容性。

（4）代表部分—整体信息，且最具包容性。

（5）通过行为间的相互作用从而产生典型范式的最具包容性的层次。

2. 上位范畴

上位范畴具有更强的概括力，但缺乏具有普遍特征的整体形象，其内部各成员之间没有足够的共性去构成一个共同的完型。因此，人们很难通过完型结构来把握上位范畴的各个成员，但是，这并不意味着我们无法认知上位范畴。通常，人们都是从基本层次范畴提取一些特征，用于上位范畴。

克劳福特和克鲁兹曾将上位层次范畴的特征归纳为以下几个方面。

（1）该范畴的定义特征比基本层次范畴的定义特征少，因为其定义特征主要以基本层次范畴为基础来获取。

（2）基本层次范畴的中间层次上位范畴与高级上位范畴之间有单一的修饰关系。

（3）尽管上位范畴中的成员与其临近范畴成员更容易区别开来，但其内部的相似性却比较弱。

（4）该范畴的名称以物质名词为主。

3. 下位范畴

下位范畴是对基本层次范畴的进一步细化。通过下位范畴，我们可以感知基本层次范畴成员之间的差异。下位范畴的形态是典型的复合形式，结构较为复杂。这种复合形式通常由两个层次或多个层次范畴的词汇构成。但是，复合形式的意义并不意味着是简单地组成成分的组合。只有通过观察复合形式的语义框架，才能解释复合形式意义的特征。

下位范畴具有很多鲜明的特征，克劳福特和克鲁兹将下位层次范畴的特征概括为以下三个方面。

（1）下位范畴是多词素性的，其最普遍的格式为修饰—中心语结构。

（2）与基本层次范畴相比，下位范畴的范畴性较弱，尽管下位范畴的成员间的相似性很强，但是与邻近范畴成员的区别性却很弱。

（3）下位范畴的信息量比上位范畴的信息量相对较少。

（二）原型理论

认知语言学提出了这样一种观点，所有的定义中都包含了这样一个模糊的特征，都是从原型事例发展到边缘事例的。在认知语言学中，"原型"的认定也非常重要，各种范畴的事物都具有原型。上位范畴的原型来自基本范畴的事例；基本范畴的原型来自下位范畴的事例。

经过测试，我们可以观察到某一范畴的成员呈现出典型与非典型的差异，这被称为"原型效应"（prototype effect）。一般来说，原型效应表现为如下几种形式。

（1）相似性评定的非对称性。当对两个事例是否具有相似性进行比较时，说成典型性弱的事例 A 像典型性强的事例 B 的人要明显多于典型性强的事例 B 像典型性弱的事例 A 的人。

（2）事例提示。要求被试者举例或者写出某一范畴的事例时，大多举例或者写出的是典型事例。

（3）反应时间。向被试者寻求对某一事例属于某一范畴的真伪反应时，事例与反应时间呈负相关，即事例越典型，反应时间越短。

虽然原型存在着个人差异、年代差异、地区差异性，但是其对于范畴所起的作用是不可磨灭的，人们以原型作为认知参照点来建构范畴。

（三）隐喻

隐喻（metaphor）是用一个概念来识解另外一个概念，隐喻和概念之间的对比有关系。人们在表示隐喻这个概念的过程中，经常会使用目标域和源域的内容，目标域是隐喻想要描述的内容，源域则是描述经验的具体方法。

在认知语言学的理论中，隐喻可以使用 X、Y 表示出来，Y 就是源域，X 是目标域。隐喻有下面三个类型。

1. 实体隐喻

实体隐喻（ontological metaphors）是指人们在观察思想、情感、活动、事件等内容的过程中，使用实际的物质和经验作为基本的方法。实体隐喻作用的范围是非常广泛的。实体隐喻的作用就是将非实体的内容转换为实体，比如状态、行为、事件等。在遇到涨价的现象时，人们可以总结出"通货膨胀"的概念将现象表示出来。

2. 结构隐喻

结构隐喻（structural metaphors）说明概念的构成，也可以是由其他概念隐喻而来的。这种隐喻的方式不仅能够让我们超越表达的局限性，还能够让我们掌握构建概念的方法。

3. 方位隐喻

方位隐喻（orientational metaphors）给概念安排了空间上的位置，并以连接的部分作为基础条件，连接使用的动词可以看作连接隐喻的媒介。

另外，方位隐喻的基础是社会文化和人类经验。

（四）转喻

转喻（metonymy）在认知语言学中被确定为一种认知的过程。在转喻中，目标域存在于统一域，目标域的心理途径为源域。兰登和库瓦克赛思对转喻提出了以下两种概念表征形式。

1. 整体与部分间的转喻

整体与部分间的转喻具体包含以下几个方面。

（1）事件转喻：事件可以被隐喻地视为事件的各个部分。

（2）构成转喻。它涉及构成物体成分的物质或材料。

（3）压缩转喻。部分替代整体的最后一种转喻是符号形式的压缩。

（4）标量转喻。事物中存在一种特殊的类别，就是标量，标量的单元可以和类的部分对等起来。整体标量和标量上限是可以相互替代的关系。

（5）事物及部分转喻。此转喻可以分为两个转喻变体。

（6）范畴及属性转喻。属性既可以被隐喻视为拥有的物质（属性是拥有）或转喻地视为物体的部分。

（7）范畴及范畴成员转喻。范畴及范畴成员构成一种关系。

2. 部分与部分间的转喻

部分与部分间的转喻主要包括以下几个方面。

（1）容器转喻。容器的意象图式情境非常基础和固化，它应在地点关系上被认为是一种转喻。

（2）知觉转喻。知觉在我们的认知世界里起着非常重要的作用，值得拥有自己的转喻。知觉是有意图的，知觉转喻与行为转喻可以进行交叉分类。

（3）控制转喻。它包括控制者和被控制者，产生相互转换的转喻关系。

（4）修饰转喻。它主要用于符号的省略形式。

（5）生产转喻。这一转喻方式涉及生产行为。在行为中，每个参与者使生产行为产生产品。产品的生产是因果行为中突出的类别。

（6）行为转喻。和行为者以及谓语表达的行为存在一定的关系。

（7）领属转喻。领属转喻可以产生相互转换的转喻。

（8）地点转喻。地点常与生活于该地点的人、位于该地点的著名机构、发生在该地点的事件、该地点生产的产品和从该地点运输的产品有联系。

（9）符号和指代转喻。它们产生转喻交叉切分实体域。在符号转喻中，词形替代一个相关的概念；在指代转喻中，符号、概念和词形替代外部事物。

（10）因果转喻。原因和结果相互依存，一个隐含另一个。此外，它们解释了人们因果混淆的事实。理论上，因果转喻会产生相互转换。

（五）意象图式

意象图式（image schema）是认知语言学家近年来较为关注的热门话题。意象图式这一概念最早是由约翰逊提出的，后来，意象图式经过一定的发展，不断地扩展到一些学科领域的研究中。约翰逊用整本书对意象图式的体验基础和意象图式在意义构建和推理中的作用进行了探讨；莱考夫用意象图式理论构建了自己的范畴理论；吉布斯和科尔斯顿对意象图式理论在心理语言学中的作用进行了研究，利用心理学实验探讨了意象图式的心理真实性问题。随后，意象图式理论又不断地扩展到对诗歌的研究、语法理论、数学以及语言的神经理论中。

1.意象图式的内容

一般来说，意象图式主要包括以下几个方面的内容。

（1）部分—整体图式

该图式涉及生理或隐喻整体与部分的关系，如家庭成员、整体与部分、印度种姓等级等。

（2）中心—边缘图式

这个图示和生理、隐喻的中心和边缘都存在关系，表示从边缘位置到中心位置的距离，比如个人的社会范围、个人的知觉范围等内容。

（3）连接图式

该图式由两个或两个以上生理或隐喻连接起来的实体组成，如把灯与墙上的插头连接、孩子牵着妈妈的手等。

（4）循环图式

该图式涉及不断发生的事件或系列事件，如呼吸、睡觉与苏醒、循环、每天、每周、每年、情绪的增加与释放等。

（5）容器图式

该图式涉及生理的和隐喻的界限、闭合的区域或容器、不闭合的范围或容器，如界限内外的物体、闭合内力的限制、闭合内物体的保护等。

（6）垂直图式

该图式涉及"上"和"下"关系，如爬楼梯、直立、看旗杆等。

（7）标量图式

该图式涉及生理或隐喻数量的增加与减少，如物理数量、数量系统的属性等。

（8）路径图式

该图式涉及从一点到另一点的生理或隐喻移动，由起点、终点和系列中间各点组成。

（9）力道图式

该图式涉及生理和隐喻因果互动关系，如强制图式、阻碍图式、反作用力图式、平衡图式、引力图式等。

2. 意象图式的特点

意象图式的结构具有以下两个特点。

（1）人的感觉互动的不断操作，通过空间把握物体的身体运动。

（2）来自身体经验的前概念图式结构。

第三节 英语教学的发展与变化

一、现代英语教学的演变趋势

（一）大纲设计

大纲设计和教学评估、教学方法、教学内容的选择是息息相关的。在过去的英语教学过程中，教学的根本目标是掌握教学的内容，教学方法只是一种手段和途径。在对大纲进行设计的过程中，设计者应该先为语言项目做好分类工作，并寻找到对应的教学方法。比如，在使用语法翻译法的过程中，学生的学习任务包括将所学的语法规则和词汇内容与翻译实践结合，学习掌握一定数目的词汇、语态规则、时态规则等内容，学生不能根据自己的实际学习目的制订出相应的学习内容和方法，所以学生很难将课堂上的内容使用到实际生活中。在技能为前提和交际型的教学方法出现之后，学者们发现教学目标的实现需要借助交际活动的内容。在设计大纲时，应该从学生学习的目的出发，来寻找学习中使用的方法，最终将教学目的和教学方法结合在一起。

（二）教学方法

英语教学如果采用传统的方式，那么主要就是教师来对课堂进行主导，而学生则是被动地学习知识，教师决定课堂采用何种教学方法，教授哪种教学内容，对教学的进度进行把控，而处于被动地位的学生则很难学到知识。在学习中如果学生不能积极主动地进行学习，那么这种学习方法很难起到实际的效果。语言学习则更是如此。学生如果不能主动地对语言的语言和规则进行探索，那么被动地接受的知识则很难内化于心。我们可以举个例子，教师在讲授语法翻译法时，如果学生没有机会和同学交流探索，被动地接受知识，只会让学生在学习语言的过程中变得死板。随着课程改革的不断推进，越来越多的教师认识到学习语言需要进行交际，只有让学生在实际的交际中进行运用，才能学好语言，学生才能成为课堂的中心，才能和同学进行交流和沟通，在实际的语言运用中掌握语言的规律和原则，从而将之内化于心，在实际的交际中表现出自信。教师则是引导学生，组织学生进行各种讨论活动以及其他活动，将课堂的主体地位还给学生，根据学生的实际水平和情况，来合理地安排教学。

（三）学习者的角色

传统的教学方法使得学生只能被动接受，死记硬背和被动模仿是学习的主要方式，他们没有机会在真实的情境中应用自己所学的语言。学生学习语言被看作是一种习惯的养成，学生在这个过程中只能是一个没有灵魂的复制者，他自己并没有真正掌握语言的规律和规则，在实际的应用当中，学生仍旧会感到听不懂，觉得自己还是语言学习的门外汉，从而不利于学生树立信心。而现在人本主义越来越受到重视，学生的主观能动性得到重视，学生被鼓励对语言进行实际运用，哪怕是出错也没有关系，教师给学生留有一定的空间，不再像以往那样坚决杜绝错误，从而使学生得到鼓励，更愿意运用语言进行交际。

（四）语言的处理

以往词汇和语法通常被看作是彼此独立的项目，学生在学习的过程中只能单独地学习某一方面，而当二者结合起来的时候，学生则不知道该怎么运用，所以，这就很容易造成语言的语法和在实际应用中含义的不一致。语法翻译法先将相关的语法规则教授给学生，然后再对词汇进行讲解，最后再反复进行翻译练习。而听说教学则是让学生养成语言学习的习惯，从而归纳语言的相关规则。这两种方法都把语言知识独立开来，把语言学习看得过于简单，但是实际上学生不可能这样学习完整的语言，语言学习是一个复杂的过程，只有通过一系列复杂的过程才能逐渐地加深对语言的理解。传统教学的弊端就是让学生机械化地学习语言，从而很难将语言形成一个体系，在实际的语言交际过程中，学生很容易出现听不懂的情况，这就使得语言学习失去了实际的意义，而成为应付考试的工具，这对于学生的发展是很不利的。所以我们呼吁教师在实际的教学当中注重语言的实际应用，使得语法等一系列规则可以在实际的语言交际当中得到运用，从而使学生可以更好地理解语言，对于语言的学习更有信心。

（五）教学材料

语言教材编写者在进行教材编写时往往会出现的状况就是将语法或者词汇和实际的语言交际割裂开来，学生所学到的知识自然也很难在实际的交际中得到运用，学生的语言能力也很难被培养起来，从而不利于提升学生语言学习的能力。而随着教学的不断发展，随着电视、互联网的不断发展及在教学中的应用，学生有了更多的条件来进行语言学习，学生语言交际的机会也变多了，无论是听英语广播，还是看英语的电视节目，或者看一些英语杂志和报纸，学生都可以锻炼自己的语言交际能力，从而使得学生在实际的语言过程中，更加得心应手。

（六）学习设备

以往互联网等还没有真正得到普及的时候，学生在语言学习的过程中只有单一的教材和教辅资料，这就很容易使得学生产生厌倦情绪。而随着社会的不断发展，互联网得到了普及，学生可以通过视频资料等方式来学习英语，大大提升了学生的学习兴趣，甚至学生可以通过互联网直接和英语母语者进行沟通，从而锻炼自身的语言能力。除此之外，现在的教材大多都有光盘供学生学习，学生可以对光盘进行利用，通过图文并茂的方式来学习英语，提高自身学习的积极性。

（七）学习方法

教师如果按照传统的方式进行教学，那么其只需要完成教学大纲的规定任务即可，通过语法翻译法，教师会让学生对大量的语法知识和词汇进行死记硬背，而学生机械地完成教师布置的任务，不知道该如何提升学习效率。随着教育教学的不断发展，这就要求教师要教授学生学习的策略和技巧，使得学生可以掌握正确的学习方法。教师要教学生如何找到课文的关键信息，其方法是通过略读、扫读以及一系列其他的方法策略，使得学生对课文进行更深入的把握，使得学习效率得到提高。

（八）课堂组织与课外活动

传统教学限制了学生语言学习的场所，学生只能通过课堂来对语言进行练习，被动地接受知识使得学生失去了很多进行自主学习的机会，教师在课堂上是绝对的掌控者，那么学生就无法自由地对自己的观点进行表达，也很难通过小组学习来对英语语言的相关知识进行探索，被动地接受使得学生无法充分发挥自身的主观能动性。所以随着课堂改革的不断推进，越来越要求教师将主动权交给学生，使学生可以在课堂上充分表达自己的观点，积极地创新，积极地探索和发现，从而发挥自己作为课堂主体的作用，而在这一过程中，教师更多地应该是扮演课堂的组织者和学生的引导者，如果学生出现什么问题，教师只需要启发学生，让学生自主进行探索，同时鼓舞学生，使学生积极参与到课堂的谈论当中。同时还要注重课上与课下的结合，积极举办课外实践活动，使得学生在实践中对自己所学到的语言进行运用，加深学生对于语言的印象，从而达到巩固知识的目的。

（九）测试评估

以往进行英语测试都是由学校以及教育部组织，并且通常是统一命题、统一评阅，任课教师在这一过程中很难发挥自己的作用，但是这就会出现学生所学内容与测试内容不匹配的现象。而现在课程改革则要求，测试不仅要重视结果，更要重视过程，不仅教师要评估学生，学生还要进行自我评估，从而更加全面地让学生了解自身的语言水平，明确自己的优势与不足，从而在今后的学习中更好地弥补自身的不足。

二、英语教学基本思路的转变

不同的教师对于好的英语课的见解是不同的，但是对于影响课堂效果的因素，大多数教师都认为：只有学生在学习中保持活跃、积极性和高度集中的注意力，并且喜欢课堂，同时掌握相关知识，可以在课堂上进行交流，才可以使得这节课的效果得到最大的发挥。我们将课堂教学效果的影响分三种，分别是"ESA"，即engage、study 和 activate，也就是课堂效果如果良好的话，那就一定是学生兴趣得到激发，同时可以根据教学计划，使得学生熟悉语言学习的内容，最后还要进行交际，给学生提供交流的机会。下面我们将对这三要素进行详细解释。

首先是激发兴趣。只有学生的兴趣得到激发，学生才能在课堂上主动地学习，提高学习的积极性、主动性和学习的效率，教师可以为学生制造挑战，从而使学生的积极性得到调动。教师可以丰富课堂的形式，通过唱歌、游戏、故事讲述等方式使课堂变得更加有趣，使学生在课堂中感受到良好的课堂氛围，使学生对课堂更加感兴趣。

其次是语言学习。目前我们不能完全摒弃传统的语言教学方式，因为语言学习不可能避免词汇、语法等内容,所以必要的语言练习和训练是必不可少的,只有学生拥有了扎实的语言基础,在今后的语言学习中才能更加轻松。

最后就是交际运用,教师可以组织场景模拟,使学生身临其境进行语言交际,从而发挥语言学习的实际作用,通过角色扮演、写作、采访等,来提高学生语言运用的能力。

第四节 认知语言学与英语教学关系

一、认知语言学对英语教学的意义

随着英语教学的不断发展,学生的能力和地位越来越受到重视,为了提高教学质量,促进英语教学的发展,可以使教学和认知语言学结合起来,运用相关的理论知识,使英语教学更具应用性和实用性。需要明确的是,认知语言学是一门前沿学科,其仍处于不断发展的过程中,一些理论并不能全面地解释所有语言现象,也不能将其全部应用于英语教学的过程中。认知语言学对英语教学有着积极和消极的作用,下面就对这正反两方面作用进行总结,从而提高认知语言学指导下的英语教学的科学性。

(一)认知语言学对英语教学的积极意义

认知语言学是通过从主体认识外部世界的经验基础和主体认知能力出发而更有效地探究语言现象。[①] 具体来说,认知语言学对英语教学的积极意义主要表现在驱动教学进程、提高教学活力和丰富教学活动三个方面。

1. 驱动教学进程

传统教学法大多重视语法,学生的书面能力较强,而在进行实际语言应用的时候则表现出较差的水平,这对于学生的语言学习是非常不利的,因为语言学习最重要的就是应用。

学者泰勒(Tyler)指出,虽然教学方法在不断翻新,看似有很多差异,但是从内容上看教学内容没有太大变化,仍旧是传统的教学方式占主体。针对英语语

---

① 房国铮. 认知语言学与外语教学 [J]. 黑龙江高教研究, 2009(4): 191.

言现象，传统教学方式未能给出合理的解释框架，也未能形成统一的行为规范，对于一些特殊的、例外的语言现象只能要求学生死记硬背。

传统英语教学在教授词汇的过程中，会按照先后顺序来进行具体教学，首先是对单词的含义进行讲解，使得学生可以了解单词的多重含义，但是按照这种教学方法进行的教学具有一定的局限性，学生无法真正地对词汇进行联系，无法形成一个完整的词汇网络，在词汇运用的过程当中，也是不利的，同时还要运用大量的时间来逐个记忆单词，这对学生的英语学习是极为不利的。

要想使得英语教学可以得到驱动，可以对认知语言学进行研究，通过对其相关理论进行运用，对语言现象进行更深入的了解，从而促进教学改革。通过认知语言学来对英语教学进行驱动，其作用主要包括以下几点。

（1）认知语言学的教学能够整合学习者大脑中的分散知识，使知识汇聚起来，从而形成完整的知识网络。知识网络的形成，对于促进知识的记忆十分有帮助，同时也便于学生对知识的正确理解，提高英语知识的记忆效率。

（2）通过整合知识网络还能促进学生后续对知识的提取与应用，能够提高语言使用的便捷程度，促进学习者英语思维能力的提升。

（3）认知语言学的相关理论还能追寻学生学习中犯错误的原因，帮助学生了解语言错误背后的深层知识，使学生的学习既知其然，更知其所以然。

英语中有很多固定表达方式，在具体英语教学过程中，教师往往告诉学生只要记住这种使用方法即可，但是学生在整体思维模式的作用下，仍旧可能会出现语言使用错误。例如，一些英语动词后面不能直接接双宾语，如 donate。因此，"Jim donated a few paintings to the museum." 这句话是正确的，但是 "Jim donated the museum a few paintings." 便是错误的。针对这种语言现象，学者泰勒做出了解释。他认为不能直接接双宾语的动词主要可以分为两类。

（1）用以转移实在物体的动词，如 contribute，select，obtain，donate 等。

（2）用以转移知识的动词，如 suggest，explain，describe，announce 等。

对这些动词进行研究可以发现，其都是源于拉丁语，音节一般都较长，重音一般落在第二个音节上。再如：

（1）I taught Maggie English.

（2）I taught English to Maggie.

针对上述两个例句，传统教学中的生成学派的解释是二者的表层结构不同，而深层结构相同，且二者在语义上并没有任何差别。认知语言学则主张上述两个例句在语义和语用上存在着巨大的差异。其中例句（1）的语用焦点是"What did you teach Maggie？"而例句（2）的焦点是"Who did you teach English to？"从语义上来说，例句（1）中隐含着"Maggie actually learned English."而例句（2）则不包含这个意思。

2. 提高教学活力

认知语言学能够提高英语教学的活力，主要表现在能够提升传统教学中对比分析的活力。

"对比分析"一词最早是由拉多（Lado）提出来的。他指出，通过对两种语言进行对比分析，能够了解英语学习中的困难，并对困难进行有效预测。这一观点一经提出，就受到了很多学者在理论和实践上的抨击。但是随着认知语言学的兴起，这个理论又重新回到了人们的视野中。

认知语言学认为人类的语言是对现实世界的认知结果和认知过程的反映。由于人们体验世界、认识世界的方式与视角的不同，因此在脑海中所形成的概念体系与认知结构也不尽相同。英语学习和母语学习带有差异性。一般来说，英语学习要滞后于母语学习。也就是说，在进行英语学习时，学习者已经具备了一定的母语知识和概念系统。因此，对新语言的学习与接受也会在一定程度上受到母语系统的影响，并需要对新的语言知识进行整合。大体上说，学习者的母语系统起着一种媒介的作用，这一点并不为学习者所认知。为了让学习者了解目标语的相关概念，教师可以采用对比分析的方式，促进学生对母语的中介作用从"无意识"向"有意识"转变。也就是说，通过认知框架下的对比分析，学习者更能了解语言的概念与范畴，并能对语言知识进行有效重组。这种教学方式更加有利于教学的展开，从而提高教学的活力。例如：

在中文的概念中，将印有文字的纸张进行装订，才能称其为"书"。而在英语系统内，只要被装订成册都能称其为 book。

再如：I persuaded him to go to Beijing with me.

我劝说他跟我一起去北京。

在上面这句话中，persuade 一词表示劝说，同时结果是有效的、成功的。而在中文表达过程中，劝说只是一个动作，并不能显示出其最终的动作结果。

在具体的英语教学过程中，教师可以通过对英汉语言在概念差异上的对比分析，激发学生对语言学习的兴趣，同时也能激发学生语言应用的乐趣。长此以往，学生在对比分析的作用下便能摆脱母语概念体系的影响，建立英语识别与应用的概念体系，对后续语言交际能力的提高也大有裨益。

3. 丰富教学活动

认知语言学对英语教学的积极意义还表现在对教学活动的丰富方面。

认知语言学对于体验性更加重视，在学习语言的过程中，这种体验性也非常重要。语言学习的过程也带有体验性。在这种理论的依据下，教师可以设计丰富多彩的教学活动。

（1）在英语教学课堂上，教师可以教导学生使用肢体动作对语言概念进行解释与体验。认知语言学重视人的身体，认为其是构建语言意义的基础。语言的意义来源于人的体验。在教学过程中，将语言结构以手势和意象的方式进行重现，有助于激发学生对语言的认知，促进对知识的吸收与理解。

具体来说，英语教学过程中可以使用肢体动作的内容有很多，如对介词的介绍、对方位的介绍等。同时，教师还可以在教学过程中加入一定的戏剧表演或哑剧表演，使学生在表演过程中了解相关语言内容并了解语言应用。

（2）教师的教学除了可以进行直接的显性教育外，还可以利用学生的主观能动性，促进学生对知识的主动吸收。教师可以通过向学生呈现语言材料的方式，让学生对材料中的语言规律进行归纳与总结。在这个过程中，学生会建立自己的语义辐射网络，探索语言的使用与意义间的关系。

让学生在学习的过程中进行自我探究，促进了学生学习的主动性，同时还能使得学生对于自身学习主体的地位有一个更加深刻的认识。

传统以动词为中心、以规则为基础的英语教学方式，并不如认知语言学的教学方式有效。认知语言学下的英语教学活动可以以动画展示、幻灯片图式等方式展开，从而扩展学生学习的知识意义与核心意义。在具体教学过程中，教师还可以请学生补齐网络图中空缺的核心意义，并让学生解释补缺的理由，从而判断具体实例是否合理。最后，学生在教师的指导下进行讨论与总结。这种教学方式既能发挥教师的指导作用，也有利于学生的主动参与，促进学生自主学习能力的提高，也有利于学生对语义网络系统的分析与建构。

需要注意的是，在进行英语教学活动设计时，教师应该按照由易到难的顺序展开。在学生学习的初级阶段可以设计相对简单的交际任务，并让学生将注意力放在英语的语言要素方面。在随后的教学中逐级增加活动难度，促进学生语言能力的不断发展。

在认知语言学相关理论的指导下，可以结合显性教学与隐性教学，注重教学过程的体验性，增加学生对知识的探索兴趣，发挥其主动精神。这样在趣味性的环境下，学生的语言学习也会更加轻松。

（二）认知语言学对英语教学的消极意义

认知语言学现在处于不断发展之中，在理论上已经取得了明显的突破，为人类认识语言提供了新的视角与手段。但是需要指出的是，认知语言学并不是专门为英语教学服务的，其理论并不是全部适合于英语教学实践。将认知语言学应用到英语教学中既需要了解其积极意义，也需要认识到其消极意义，从而扬长避短，更好地提高英语教学的效率。

1.语言现象解释不完全

需要明确的是，认知语言学现在只能为部分语言现象提供理论依据。也就是说，认知语言学对语言现象的解释并不完全，这种不完全性主要表现在以下两个方面。

（1）虽然认知语言学能够对部分语言现象进行独具匠心的解释，但是这只是涵盖了一部分的语言现象，所提供的解释也十分有限，同时绝大部分的形义配对还带有任意性。

（2）语言的理据表现在隐喻、语音、顺序、数量、身体体验等不同方面。在教学过程中，教师和学生很难准确地预测该从哪一方面获得理据，也很难理解这些理据解释的真正内容。例如，在数量原则下，我们可以了解语言形式的长短和语言意义的关系，语言形式越长，其语言意义可能就越丰富。但是即便如此，我们也很难知道具体意义有哪些。因此，对于认知语言学中的理据，在教学过程中要客观对待，秉承实事求是的精神，发挥其在英语教学中的现实作用。当遇到缺乏相关理据的语言现象时，教师可以将具体情况告诉给学生，并采用传统的教学方式展开教学。

2. 程序性知识需要实践

认知语言学指导下的英语教学可以分为以下几个步骤。

（1）认知语言学提供语言理据。

（2）语言理据解释部分语言现象。

（3）学生对语言现象的理据进行理解记忆。

纵观这一过程，语言理据起到的是一种中介的作用，本质上是一种陈述性知识。语言教学的最终目的是使学生获得程序性知识，从而将语言应用到具体的交际过程中。也就是说，即使学生了解了具体的语言理据，也无法真正做到熟练使用英语。学生应该在理据性知识的基础上进行大量的语言实践，将陈述性知识转换为程序性知识。

随着时代的发展，社会对人才的需求朝着实用性、交际性的方向发展。学生既需要了解一定的语言理论，也需要掌握具体的语言技能。只有在语言实践的基础上，才能切实提高自身的语言能力。

3. 不完全适合低水平学习者

认知语言学指导下的英语教学并不完全适合低水平学生，这就启示英语教学者要有选择地教授语言理据知识。具体来说，认知语言学理据并不完全适合低水平学习者的原因主要有以下几个。

（1）进行语言理据讲解需要使用很多专业术语，学习者需要花费大量时间学习专业术语，只有在此基础上才能进行概念的理解与消化吸收。我国英语课堂教学时间有限，将有限的课堂时间用于专业术语的学习会影响教学进度，同时这些专业术语的学习也不能直接用于交际活动，在一定程度上也会影响英语教学的效果。

（2）语言理据知识的陈述带有枯燥性，即使丰富其陈述过程，配以丰富、可视化的工具，也不能改变语言理据的学习过程。这种枯燥抽象的理据学习会挫伤低水平学习者的学习兴趣。

纵观认知语言学对英语教学的意义，可知其在英语教学中具有重要的指导作用，教师需要在了解其消极影响的基础上，努力扩大积极意义的影响范围，从而促进传统英语教学的改革进程。

二、认知语言学的英语教学观

认知语言学把语言看作是交际单位,这种交际单位具有符号性,但是是具有实际意义的,可以通过说话者对话语进行输出和理解的过程来观察其一般认知能力进行专业化的过程。[①] 在英语教学上,认知语言学也是逐步有序的展开。

（一）认知语言学下英语教学的原则

1. 洞察性教学原则

认知语言学强调洞察性在语言习得中的作用,指出这种语言习得过程要比机械性语言习得有更好的学习效果。对此,在进行英语教学过程中也需要以此为基础,提高教学的理据性教授,使学生知其然并知其所以然,以更加科学的心态进行语言学习。

莱考夫（Lakoff）认为在进行学习的过程中,有理据的学习内容要更容易学习,而没有理据的内容学习起来则会更加困难,同样的,在知识记忆应用的过程中,还是有理据的更容易使用。

卡特（Cater）也认为学习语言需要对一些和理解相关的内容和模块进行明确教授。

理据的洞察性知识教学对于学习者了解语言的工作方式十分有益,有利于学习者建构与其自身相关的语言学习假设。具体来说,这种教学方式有以下几点意义。

（1）有利于深化学习者对语言知识的理解。

（2）有利于学习者加深语言知识的记忆。

（3）有利于学习者语言与跨文化意识的培养。

（4）有利于学习者学习动力与信心的增强。

（5）有利于学习者学习主动性的提高。

2."三位一体"教学原则

认知语言学下的英语教学还需要遵循"三位一体"（inextricably intertwined）的原则,具体指的是语言、文化、思维的"三位一体"。认知语言学指出语言、文化、思维是"三位一体"的,因此对其中一方面的分析需要考虑其他两个方面。

---

① 刘正光. 认知语言学的语言观与外语教学的基本原则 [J]. 外语研究,2010（119）: 8.

在英语教学中，教学者应该重视认知和情感的重要性，体现出学生的主体地位，并加强对学生跨文化能力的提高。

（1）"三位一体"原则的教学能够加深对惯用语的理解与记忆。

（2）"三位一体"原则的教学能够提高学生的阅读理解能力。

（3）"三位一体"原则的教学能够通过分析细节增强学生的语言文化意识。

（4）"三位一体"原则的教学能够增强学生对多义性的理解能力。

（5）"三位一体"原则的教学能够增强学生的思维能力。

3. 整体性教学原则

认知语言学认为语言是相互联系的认知整体，人类的认知能力相互作用、协同发展。因此，在认知语言学下的英语教学过程中也应该遵循整体性教学原则。

随着多元化社会环境的发展以及英语知识应用范围的扩大，对英语人才的素质有了更高的要求。整体性教学原则要求在认知语言学下的英语教学中重视语言宏观层面和微观层面的教学。

微观层面的英语教学指的是要对语言音、形、义等具体知识的教学。宏观层面的英语教学指的是要从社会、文化等语境知识以及认知情感等角度展开教学。具体来说，整体性教学原则要求下的英语教学需要注意以下几个方面。

（1）教学展开过程中要重视认知和情感的协调发展。

（2）教学知识的呈现要从不同渠道入手。

（3）教学内容应该和文化相联系，并进行整体教学。

（二）认知语言学下英语教学的目标

认知语言学的语言观和习得观可知，语言的基本单位是构式，学习者通过接触语言材料进行构式学习。根据这一内容，认知语言学下的英语教学应该以帮助学生熟练掌握各种构式为教学目标。

在采用传统教学法进行英语教学时，往往都会将词汇和语法看作是单独的模块，他们之间的联系则会被忽略，在实际的语言运用当中往往无法熟练地将二者结合起来，从而就会出现无法连续表达的现象，认知语言学则提出要对词块的地位重视起来。

"词块"就是由词与词组成的一种有着较为固定的意义和形式的多词单位的组合，在教学中，可以反复操练词块，从而使学生对于词汇的理解更加深刻，在运用的过程中也更为熟练。

词块可以让学生对于词汇的各种用法以及搭配进行深入了解，从而对词汇进行更好的掌握，再加上词块具有整体性的语义和结构，通过词块，学生可以掌握更多的单词，在实际运用中也会更加熟练。

认知语言学重视构式，并且解释了各种语言现象，从而使得语言更加严谨，使得语言的形式和语言的意义都有了理论作为依据，不仅可以使得学生对于语言知识有着更加清晰的认知，还使得语言学习更具有理据性。

（三）认知语言学下英语教学的过程

认知语言学认为语言意义的动态发展是以语言的具体意义为中心的，通过经验处理机制和人类认知建立起从具体意义向边缘意义扩展的网络。针对教学过程中出现较难掌握的语法与多义词，可以先让学习者熟悉其具体意义，然后通过具体意义向其他意义扩展，帮助学习者建立不同用法之间的概念联系。

除此之外，教学者还可以通过意义间的理解关系，通过认知机制进行分类展开教学，最终增强学生的记忆效果。认知语言学重视语言构式的重要作用，这一观点也突出了语言意义的重要性，强调了语法和词汇作为连续体的积极意义。综合来说，认知语言学下的英语教学应该以理据驱动作为具体过程。

认知语言学下的英语教学过程，需要在认识语言基本特征的基础上，选择带有教学启发式的观点展开教学工作。教学者应该带有创新意识与前沿意识，不能对过往教学经验进行全盘吸收，也没有必要将认知语言学当作教学的不二法则。

由于人类语言的多元性、复杂性，不同民族在历史、政治、文化、生活等因素上都有差异性。认知语言学并不能涵盖所有的语言现象，并事无巨细进行理据解释。英语教学的过程是通过认知语言学的相关理据解释进行语言主动习得与使用的过程，需要教学者和学习者展开双方面的努力。

（四）认知语言学下英语教学的内容

认知语言学下的英语教学是通过认知机制进行自下而上的学习，强调了语言输入方式和频率对语言习得的重要影响。因此，认知语言学下的英语教学应该以不对称频次输入为教学内容。

在语言习得过程中，输入的频率影响学习者语言构式习得的速度，输入的顺序与分布决定着语言习得者构式的频率。相关研究表明，不对称频次的输入对于学习者习得新的构式更加有效。所谓不对称的频次输入，指的是在语言输入中目标构式的典型成员的出现频率要高于非典型成员的出现频率。

在英语教学中，教师可以通过教学目标调整目标构式的输入顺序、分布、频率，以分级的形式对语言进行输入。先输入高频重复的典型成员，然后输入低频出现的非典型成员。其中典型成员的输入是学生建构语言的基础，能够提高学生对构式的掌握与使用能力。

一般来说，大多数的自然输入都属于不对称频次输入，在英语教学过程中，教师需要为学生提供更多日常交际材料，从而保证学生语言输入的自然性与地道性。

英语知识输入教学过程会受到不同因素的干扰，主要包括以下几点。

（1）目标项目的复杂程度。

（2）学习者的注意程度。

（3）语言构式的输入频率。

学习者了解母语与英语的差别是进行英语习得的前提，英语目标项目的复杂度会受到母语背景的影响而难以习得。认知语言学以不对称频次输入为教学内容，能够极大地促进偶然学习，而显性教学可以弥补学习者对英语与母语差异的了解不足、学习者归纳概括经验不足以及输入不足等问题。

（五）认知语言学下教学效率的提升

20世纪60年代，出现了奉行"不干预"理念的教学方法。这种教学方法主张不干预，提倡英语学习者按照母语的方式进行语言习得。虽然这种教学方式能够提升学习者的输入能力，但是对输出能力的提高却没有太大帮助，长远看也很难取得较好的习得结果。

认知语言学主张通过显性教学提升教学效率，通过不对称频次的教学内容输入促进偶然学习效率的提高。显性教学的方式还能弥补学生学习中的以下问题。

（1）学习者对英语与母语差异了解的不足。

（2）学习者归纳概括能力的不足。

（3）学习者输入的不足。

综上，通过优化输入和显性教学的方式比"不干预"理念指导下的教学法更能有效地提高学习效率。

（六）认知语言学下教学活动的设计

认知语言学下的教学活动在设计时应该注意其体验性与交际性，从而提高语言教学的实用性与应用性，更好地迎合时代发展对人才的要求。

1. 体验性教学活动的设计

认知语言学重视体验性，认为人是认知与客观实践的媒介。语言与语言的习得也带有体验性，因此需要根据体验性展开具体的教学活动。具体来说，体验性教学活动可以从以下几个方面展开教学设计。

（1）指导学习者进行语言知识的预习，从而保证教学活动的顺利展开，提高教学效果。

（2）教师在课堂上通过多种渠道进行语言材料的展现，要求学生自主发现和归纳语言规律，促使学生学会运用规律，建立自身的语义辐射网络，最终通过语言实践总结出不同的语言构式使用方法。这种自我体验式的教学能够提高学生学习的主体性意识，并享受积极的情感学习体验。

（3）教师可以让学生通过丰富的肢体动作对语言中的概念化知识进行体验。认知语言学强调人的身体在建构语言意义中的重要作用，突出了其基础性影响。语言意义的形成来源于人的体验，将语言结构以手势和意象的方式加以重现，能够激活语言和动作间的联系，促进学生对知识的理解与记忆，这种体验式的活动可以通过多种渠道展开，如话剧、戏剧、哑剧表演等。

（4）组织对话、讨论、叙述、表演等活动，引导学习者在创造的语言情境中掌握语法。

（5）为学习者安排富有实效的课后作业，如复现、体会课堂所学知识，听原声带，观看相关视频，查询相关资料，完成书面写作任务等。

（6）学习者可以将完成的文章以纸版或电子版的形式上交。同时，教师的批改方式也较为灵活，既可全批也可只批框架，既可在纸版上进行批改也可以使用软件进行批改。此外，教师还可组织学习者进行相互批改。

2. 交际性教学活动的设计

随着社会对英语教学重视的提高，以及对人才要求的提升，英语教学在人才培养方面的重要性也广受重视。语言是重要的交际工具，其教学的最终目的是使学习者具备语言使用的能力。因此，认知语言学下的英语教学活动也需要重视语言交际性的影响作用。

在进行具体交际性教学活动设计时要重视循序渐进的原则。在语言交际学习的初级阶段可以设计一些相对简单的语言任务，使学习者将注意力放在英语的语言要素上。随着学生学习能力的提高，可以逐渐增加交际活动的难度。学习者此时需要将注意力放在语言交际任务本身上，促进其语言能力的发展。

认知语言学认为综合显性教学和印象教学的方式是最好的教学形式。具体来说，交际性教学活动的设计有以下几个渠道。

（1）使用交际性英语教学模式

交际性教学模式在英语教学中是一种行之有效的模式，主体通过交际从而开展学习。

在采用交际性教学模式进行英语教学时，场景不同，师生以及同学之间会发生不同的联系，这种联系是相当频繁的，课堂的优势也可以表现出来，主要包括三个方面。

一是学生主动学习。交际型性学模式鼓励学生主动参与教学过程，强调主观能动性的发挥，能够使学生及时发现自身和教学中出现的问题，并结合具体情况进行反馈，最终促进问题的解决。

交际性教学模式可以进行的活动主要包括角色扮演、小组发言等，还可以在课堂上展开讨论，通过团队合作来展开交际性活动，从而使学生可以主动进行学习，学习的积极性和兴趣能够被调动起来。

二是以书本理论转化为学生的交际能力为导向。英语教学的最终目的是使用语言交际交流与应用，传统的教学模式强调抽象理论的输入，忽视了理论与实际的联系。而交际性教学主张在真实的语言环境下进行教学，通过学生讨论，从实际的交际中进行理论的总结与升华，能够切实提高学生的语用能力。

通过实际的交际，学生可以提高自身的交际能力，将自己所学的语言相关知识在实际的交际中进行运用，从而使得学生的能力得以提升，使得英语教学的意义和应用性得以充分地展现。

三是通过采用交际性教学模式，学生可以取得更好的学习效果。传统的教学模式是老师单方面输出，学生只能被动接受，这种模式下学生没有自己主动参与进来，很难取得良好的学习效果，而交际性教学则让学生可以积极参与进来，不仅可以提高学生的积极性，还可以增加课堂互动，提升课堂效果。

学生通过分享、控制课堂教学内容及教学进程，能够在与实际密切相连且情趣盎然的场景中更加生动、真实、标准地运用语言，既实现了学之所需又体现了自我价值，这必然会从整体上提高大学英语教学的质量和学生的学习效果。

（2）重视非语言交际教学

非语言交际行为的出现是人认知的反应，在具体的交际场合能够表现出不同的交际含义。因此，在英语教学中也需要注重非语言交际的教学。学者毕继万对非语言交际的形式进行了总结。

第一，既有自觉发生的，也有不自觉的。

第二，既有具有确切含义的，又有示意模糊的。

第三，既有先天性的，也有后天性的。

第四，既有词义性的，也有类推性的。

第五，既有各种文化共有的，也有不同文化所特有的。

第六，既有表达自我感情的，也有人际交流的。

第七，既可表达相信，也可表达怀疑。

第八，既有表达欣喜的，也有表达悲伤的。

可以说非语言交际的表达形式远远多于语言交际，是人类用于传递信息的重要手段。

英语教学中重视非语言交际的教学是进行人类非语言认知研究的重要方面，同时也是提高英语教学实用性的重要体现。

认知语言学认为语言学习是习惯养成的过程，重视语言使用和语言社会性的培养，是兼具认知性与社会性的语言学习和教学理论。在认知语言学的指导下，英语教学可以兼顾语言的形式、意义、功能，切实提高语言教学的效率。

第二章　基于认知语言学的英语词汇教学

词汇是语言的基础。在学习英语的过程中，词汇是非常重要，也是非常基础的一部分内容，学生要想学好英语，首先就要有一定的词汇量，在此基础上学生才能继续进行其他内容的学习。教师要深入了解认知语言学，从这一角度来对学生进行教学，提高学生的学习效果，使得学生可以有效学习词汇，进而提高学生的英语词汇运用能力。本章主要内容为基于认知语言学的英语词汇教学探讨，论述了当前英语词汇教学的问题、英语词汇教学的策略分析以及认知语言学指导下英语词汇教学的开展。

第一节　当前英语词汇教学的问题

词汇是学好一门语言的关键。掌握一定数量的词汇对学生的说话能力、阅读、写作水平都具有积极的促进作用，同时具备扎实的词汇知识，拥有一定的词汇量，也有利于提高英语学习效果。然而，目前大学英语词汇教学的现状不容乐观，存在诸多问题，这些问题影响学生对词汇的学习与掌握。

一、教师词汇教学存在的问题

（一）教学方法单一枯燥

很多教师在进行词汇教学时，依然采用"老师领读—学生跟读—老师讲解重点词汇用法—学生读写记忆"这一传统教学法。这一教学方法不仅让学生觉得枯燥乏味，而且使学生处于被动地位，不利于调动学生的学习积极性，甚至有些学生会对英语产生抵触情绪。对此，教师应注意改进教学方法，采用多样、有趣的教学方式来激发学生的词汇学习兴趣，进而提高教学效果。

（二）教学内容缺乏系统性

就目前大学英语教材而言，很多英语课本中的课文，其内容的主题都没有形成系统性，几乎每一册课本都可能涉及十个或更多主题，如人物事件、生活常识、天文地理、历史经济、旅游观光、生态环境等。由于这些语言材料缺乏共同的主题，语言材料中涉及的词汇间也就没有共同的纽带联系，很多教师也只是机械地根据这样编排的教材一课一课地讲解单词，很少考虑词汇之间的联系，造成所教授的词汇系统性差。与此同时，学生对词汇的学习、应用、联想也是比较散乱，无章可循，这对教学与学习效果都非常不利。

因此，在讲解词汇时，教师应注意使用专门的知识，系统地引领和组织学生进行词汇学习。例如，教师可以定期根据一定标准，如同义关系、反义关系、相同语境、相同主题等来总结单词，使学生逐渐对所学词汇形成系统的认识，从而加深学生对词汇的理解，利于运用词汇。

（三）忽视学生的主体地位

根据现代英语教育理论，在教学中，教师只是起引导作用，学生才是课堂的主体。但是，目前很多大学英语词汇教学中，学生的主体地位并没有得到重视，归纳与总结词汇规律本该由学生自己进行，但大都由教师"代劳"。教师只是一味地给学生灌输词汇知识，却忽视了学生的学习，忽视对学生观察力、记忆力、想象力、思维能力以及创造能力的培养。"授人以鱼不如授人以渔"，教师应注意转变角色，积极引导学生独立思考，让学生自己总结词汇规律，帮助学生逐渐掌握词汇学习方法，这样才能达到事半功倍的效果。

（四）缺乏与实际生活的联系

学生通常会对自己熟悉、与生活相关的事物比较感兴趣。词汇学习也不例外，如果将词汇与实际生活联系起来，往往更容易使学生产生强烈的学习动机，从而促进词汇学习。但是，在实际的词汇教学中，很多教师只是讲授教材中出现的单词，很少将词汇与学生的生活相联系，难以激发学生的学习兴趣。因此，教师在讲授词汇时，应注重与学生的实际生活联系起来，扩展一些学生感兴趣的词汇，使学生感受到学习词汇的乐趣。

(五)教学主次不分

在英语中,词汇主要有常用词、基本词和根词。其中,常用词虽然只占英语词汇量的一小部分,但是具有重要的作用,常用词是学生平时常用的积极词汇。但是,就目前的词汇教学来看,教师并没有意识到这一点,通常要求学生记住所有单词。教学没有主次,平均用力,不仅耗费教师更多的精力与时间,也加重了学生学习负担,从而影响学生记忆词汇效果。因此,在大学英语词汇教学过程中,教师应明确哪些单词是重点教授的内容,哪些词汇只需进行大概的讲授即可。

(六)教学过分依赖母语

很多教师在进行词汇教学时,存在过分依赖母语的问题,面对学生不理解的问题,教师习惯用汉语进行解释,受此影响,学生在学习词汇过程中也用汉语标注出不理解的词汇。久而久之,学生在潜意识中就会形成依赖母语的习惯,而不利于英语词汇的学习。

(七)忽视课堂教学细节

课堂教学细节对词汇教学效率的高低具有很重要的影响作用。教学中的细节涉及方方面面,如单词发音与单词词义、英语解释与汉语翻译、处理课文与词汇表、教师多讲与学生多练、全班活动与小组活动、口头举例说明与多媒体演示等,这些细节都在一定程度上影响着课堂教学的效果。但是,很多英语教师在教学中通常会忽视这些细节,只是凭自己的经验或直觉加以处理。当然,对这些教学细节进行处理时,教师应考虑特定的教学环境,结合学生的实际情况来进行。

二、学生词汇学习存在的问题

(一)随意使用汉语注音

对于英语初学者而言,读音是学习英语单词时面临的最大难题。学生来自不同地区,由于受方言影响,一些学生的英语发音带有很浓的口音。再加上英语词汇课堂教学有限,教师讲解单词发音的时间有限,这样就使很多学生的发音不准确、不标准。对于音节较长的单词,有些学生会采取用汉语为英语单词注音的方法,显然,这样的方法对英语词汇的学习非常不利。

(二) 经常死记硬背

目前，很多中国学生都是靠死记硬背来学习英语词汇，他们很少结合语境、利用构词法知识来记忆单词，这样就使单词学习成为一种体力劳动，事倍功半。死记硬背还使学生过分注意与所学单词相对应的汉语意思，这种学习方式在初学时由于词汇简单、数量少还能起到一定作用，但是随着学习的深入，词汇量的增加，继续采用这种方式学习词汇就会越来越吃力，收效甚微，这很容易导致学生对英语学习产生畏惧心理，甚至放弃英语学习。由此可见，英语词汇学习应避免死记硬背，而应采取科学的学习方法，结合上下文、语境来理解和记忆单词。

第二节 英语词汇教学的策略分析

一、基于认知语境的英语词汇学习策略

通过对认知语言学的了解，我们可以从认知语境的角度来将相关的理论应用到英语学习当中，其主要策略主要包括以下三种。

(一) 探索词汇认知理据

在学习词汇知识的时候，要注意不要仅仅通过死记硬背来学习，要对词汇相关的认知理据进行相关了解。我们从认知的角度来对词汇进行研究，可以知道，词汇是一个结构体，包含了语义和语音两个方面。在教学的时候要关注词汇的意义和形式，我们也可以把词汇的形式和意义看作是一个方面，教学中要对意义和形式进行考虑，整合词汇形成的过程、词汇的含义、词汇的运用。我们通过认知语言学的了解可以知道，主体的大脑中会将各种知识形成语境，而学生在对词汇进行学习的时候，就可以充分运用这种认知情境，使词汇和情境相关联，从而产生对于词汇的理解，这里值得注意的是，在关联大脑中的情境时要注意这个情境必须是相关的情境。在对一些特定的词汇进行理解时，还是要注意特定词汇相关的语言知识，否则就很难将对词汇的理解和认知中的知识彼此联系起来。L.S.P.Nation 是新西兰的应用语言学家，关于理解词汇意义，他提出的语境策略是非常具有影响力的，他认为重点是阅读理解，在对文章进行处理的时候，可以采

取以下策略，通过五个步骤理解：①对不认识的单词进行词类的划分；②对语境进行观察，在临近语境中对生词进行理解，也可以对语境进行简化；③对扩展语境进行观察，对生词所在句子以及周围的句子进行理解；④通过上述方法的判断，来对生词的词义进行猜测；⑤要对自己的猜测进行验证。在理解词汇的过程中，语境策略使得词汇理解已经不仅仅包括语言知识这一个层面，可以说是超越了这一个层面，从而延展到了其他层面，包括逻辑与百科等方面的知识。

（二）建立词汇概念网络

在研究心理词库（mental lexicon）的过程中，大脑中的词汇组织方式是特殊的，与我们平常所见的字典中的词汇排列方式是不同的，通过心理词库的扩散模型，我们可以知道，词汇的组织是根据概念网络进行的，不同的词汇可以建立概念网络，甚至同一词汇的多种义项也存在这种网络。我们应该多多建立上述提到的概念网络，从而使得学习者学到更多的词汇知识，避免石化现象的出现，通过建立这种概念网络，使得学习者的词汇量增加，同时还能对词汇知识进行更深入的了解。

对于初级学习者来说，学习语言的一项主要任务就是学习更多的词汇知识，扩大自身的词汇量，而对于中高级的语言学习者，词汇量还是要继续保持扩大，但同时还要拓展词汇的深度，也就是说不仅要注重词汇的数量还要注重词汇的质量。在学习第二语言的时候，要注意全面学习，不能只学习部分，否则就无法建立起完整的语言知识网络。宏观来看，学习者学习语言是为了交流，所以不能认为自己已经学会了一些接受性的知识就足够，更重要的是知道该如何利用自己习得的语言知识来输出自身的观点和情感。在最开始学习语言的时候，学习者已经掌握了一定的词汇量，但是这是远远不够的，必须要将词汇彼此联系起来，这样才能全面地把握词汇相关的知识。通过研究，我们发现，英语母语者在日常的交谈中并不会使用很多低频词汇，但是很多的中国英语学习者却无法很好地使用这些常常出现的高频词汇，这主要因为，母语者会更加灵活地使用词汇，他们对词汇掌握的质量是相当高的，而对于中国的英语学习者来说，他们对于词汇的使用却要死板很多，这就是说词汇出现了石化的现象，要想克服这一石化的现象，就必须对词汇进行系统地掌握，只有学习者建立起了全面、系统的网络概念，才能对这些词汇更加灵活地运用，从而达到流利交流的目的。

(三)深化词汇知识学习

在词汇理解这一方面,我们可以采用语境策略,不仅仅要从语言知识的领域来对词汇进行理解,百科知识同样也可以用来对词汇知识进行理解,这样一来,我们在理解词汇的时候,不仅要从语言知识的层面来内化词汇,同时还可以从百科知识的层面来对词汇进行理解塑造。百科知识共有四类,这四类知识都对理解和运用词汇产生了一定的影响。第一类是规约性知识。这一类知识指的就是在大众对某一个词汇的概念都是认同的,我们可以以"香蕉"为例,一提到香蕉,我们都知道它是黄色的,口感与味道大家也都知晓。第二类是概括性知识。概括性知识就可以将特定范围的知识折射出很多例子,从而形成规约性知识,我们可以举个例子,比如,比起青香蕉,黄香蕉更好吃,因为香蕉变黄代表成熟。第三类是内在性知识。内在性知识不受外界的影响,只会关联事物的内在特征,例如球是圆的这一知识就不会因为外部环境的变化而受到影响。第四类是典型性知识。典型知识就是指一类物品或者其他实体的特征,如果说香蕉可以吃是典型知识,这就是不对的,因为有太多东西可以吃了,这并不是香蕉的特征[①]。所以,在英语词汇学习的过程中,要对词汇知识进行深入学习,对词汇相关的语境、文化背景进行深入了解,同时还要充分利用百科知识,使得词汇知识网络可以构建起来,学习者不仅要搞清楚词汇本身的语义,同时还要对词汇和其他词汇的语义进行相关了解,深入分析词汇,加强理解。

二、基于认知语境的英语词汇教学策略

(一)词汇呈现:词汇与认知语境关联

在进行词汇教学时,我们从认知语境的角度,来对词汇进行理解。在认知语境中,词汇肯定会处于某种语言背景或者文化背景,不可能会脱离主体,也不可能会脱离实际的生活经验。词汇的含义往往是通过词汇的关联展示出多种意义,比如我们将 good 和 book 进行关联,首先我们一定会想到的是 a good book,对这个简单的例子进行深入分析我们就会发现,认知、语义和语法的相关知识都被包含在其中。在认知层面,不定冠词 a 表示的是一个范畴,而 good 是对书的内容

---
① 杨彬. 心智的门铃[M]. 济南:山东人学出版社,2008.

进行认知的一种评价，而作为 book 本身的其他认知领域则没有被凸显出来，成为没有显示的背景；在语义的层面，书的意义被 good 限定住了；从语法的方面来看，good 作为形容词只能放在名词前面起到一个修饰的作用。

在一定的情境中，呈现词汇还可以使得学习者获得"可理解性输入"，但是情境中呈现的词汇势必要体现生活的相关经验、参与者的关系、参与者交流的方式和内容，这些都应该是词汇呈现在语境中应该考虑的因素。

(二）教学内容：既教词汇知识，又教语境知识

传统教学中会更加重视教学的大纲和标准，词汇表和各种传统的教学方式使得学生只能机械地学习知识，并且因为学习任务的规定，学生需要在某一学段内达到词汇量的要求，这就很容易导致学生对于单词的背诵无法掌握好方法，要么是机械地死记硬背，要么根本完全记不住，很多大学生一遇到相关的英语考试就开始临时抱佛脚，就好像他们可以在一夜之间记住所有的单词，显然这是不可能的。我们从认知语境这一角度来看，如果要想学好词汇，掌握较多的词汇量，学习者自身就必须要有一定的百科知识量，否则没有丰富的经验，就无法将词汇和百科知识之间建立起联系，从而很难掌握大量的词汇，很难深入地了解词汇相关的知识，也无法学好词汇。

在进行英语词汇教学的过程中，教师可以采用先哲的方法，同时结合现在的时代特征与学生的发展特点，来使词汇知识可以超越本身视野，通过情境来引导学生，使学生可以轻松地掌握相关的词汇知识，比如词义、书写、语音等各方面。同时还要对学生进行积极的引导，使学生可以在语境中对词汇进行充分的运用，锻炼学生的词汇能力，同时将词汇相关的网络体系构建起来，对于词汇的意义进行更加深入地了解。所以在进行词汇教学的过程中，对于传统的词汇教学方法，教师可以取其精华，弃其糟粕，从而使其中的优点可以得以应用，促进学生的学习，同时要将词汇知识和其他的相关知识联系起来，否则不利于学生进行语境关联，教师的教学任务不仅包括教授学生基础的知识，同时还要教学生学习语境知识，从而使学生的英语词汇量得到扩展，英语词汇掌握的质量可以得到提升。

所以在教授英语词汇的过程中，教师首先要对学习者深入了解，必须要知道学生的英语知识水平，从而对于学生欠缺的部分进行了解，在运用语境策略进行

教学的时候就知道可以采用什么样的语境知识来使学生对词汇知识进行理解，教师可以采用多种方法来对词汇相关的知识进行揭示，从而使学习者可以建立认知语境和目标词汇的联系。总而言之，教师运用语境知识讲解词汇，必须是建立在学生可以理解的基础上，同时可以通过语境知识教学来对学生所欠缺的词汇知识进行弥补，采用各种方法对学生的词汇知识进行强化，同时还要从语境知识和词汇知识两方面进行教学，使得学生可以全面地掌握语境和词汇知识的关系，还要注意学生的主体地位，在认知过程中，必须要以学生为主体。

（三）教学途径：训练学习策略，鼓励猜词

英语中有着很多的词汇，教师不可能在课堂上对每一个词汇都详细讲解，课堂时间是非常有限的，而词汇的学习又是无限的，想要解决这一问题就必须要让学生学会学习，掌握词汇学习的方法和策略。该如何让学生学会这些方法和技巧呢？教师可以通过案例的方法来为学生做一个示范，使学生对学习的策略进行大致的掌握。在学习词汇时要结合语境知识，通过认知关联，来不断积累词汇。同时教师要鼓励学生阅读，通过大量的阅读来积累词汇，学会自主学习。我们可以举个例子，比如，教师可以采用猜词的方法来让学生知道学习词汇的具体策略，在今后的词汇学习中，学生可能也会采用这种方法，从而提升自身的词汇积累量。

第三节 基于认知语言学的英语词汇教学的开展

一、认知语言学对英语词汇教学的启示

（一）为词汇教学提供理论基础

词汇教学中采用认知语言学理论可以提高学生的学习效率，增加学生的词汇知识储备，通过认知语言学进行教学，其基础就是树状记忆法，学生可以对词汇进行更好地掌握。联想、想象就是记忆词汇的方法，学生通过这种方法会提高自身的学习兴趣，发挥学生的积极性，对学生进行引导，在学习过程中通过实践加深学生词汇学习的能力。

(二）深化学生对词汇的理解

将认知语言学应用于英语词汇教学中，有利于拓展学生对单词的联想空间，可以在词语的原型释义的基础上延伸出该词的深层含义。在讲解基础性词汇时，教师应注重对词语的原型释义的分析，要求学生通过阅读含有该词的语言材料，根据材料的含义与上下文对该词的深层含义进行推测。学生通过自己分析、总结，对于词汇更深层的含义进行理解，这样对单词也会有更深的印象。通过认知语言学理论来进行词汇教学，可以使学生对单词的印象更加深刻，学生的总结能力和学习能力得到了锻炼，也深化了学生对于词汇的理解。

(三）提升学生的思维逻辑能力

英语词汇的含义因所在语境不同而有所不同。认知语言学在英语词汇教学中的应用，有利于学生对词汇的原型释义有一个更好的理解，同时有利于学生通过原型释义拓展出词汇的延伸意。在此过程中，学生的逻辑推理能力得到了培养，学生可以将不同的词汇知识点融会贯通，同时在实际的语境中能够灵活地加以运用，进而提高学习效率。例如：

I am only a small potato in this office.

我在这个办公室里只是个小人物。

本例中的 small potato 引申为"小人物"。

A beautiful enough girl, but nothing upstairs.

小姑娘的确够漂亮的，但是脑子却是一张白纸。

本例将 upstairs 引申为"在头脑里"。

上述两例都为词汇创造的具体语境，学生可依据语境对词汇的意义进行引申，从而使学生逻辑能力得到提升。

二、认知语言学在英语词汇教学中的运用

（一）利用隐喻理论讲解多义词

对词汇进行联想，使得多义词的多重含义可以从原型意义逐渐扩展，这就需要教师培养学生的隐喻思维，从而使学生可以根据一个单词的原型意义展开丰富的合理的联想，找到这些含义之间的规律和联系，从而对单词系统地记忆。

我们可以举个例子，在课文 The Shadow land of Dreams 中，有一个词组是 plunge into，针对这个词组，我们可以根据隐喻理论来展开教学。关于 plunge into，《牛津高阶英汉汉英双解词典》中提供的释义为 to push, jump, or rush suddenly or violently all the way into（something deep, thick, etc.）意思是"突然用力跳入或冲入某种很深很厚的物体中"，这是这一词组的核心义项。当学生遇到 "The naughty boy plunged into the swimming pool." 这一句子时，可以很容易理解该词组的意思。通过隐喻的方式，plunge into 的延伸出第二个义项，即 jumping into something is staying in a particular condition（跳入某物中，就是进入某一特定状态之中），如 "The room was plunged into darkness."

不难发现，隐喻是使词义进行延伸的主要方式。在英语词汇教学中，教师在对多义词进行讲解时，应从本义出发，引发学生进行联想，主动地思考、探索，从而获得引申意义，这样一个线索清晰的语义网络图就在学生头脑中形成了，从而有利于学生对多义词的学习与记忆。

（二）利用相似性理论教学

在索绪尔符号学中，语言学术语所指和能指是很重要的两个概念。能指代表的是一种形象，所指则表示形象的概念。相似性理论是一种介质，这种介质是所指和能指的一个中间概念，联系了语言的内容和形式。通过延伸索绪尔理论，我们可以知道，人能够认知客观世界，又在认知的基础上产生了概念，而词汇教学通过利用相似性理论，使得学生可以更快、更多地记忆单词。

相似性理论在语言学中有很多类别，分别是借代、类比、提喻、隐喻、书写距离相似性等，通过观察，我们可以发现词汇有着不同的表现形式，而这一理论则可以对语言特殊性进行反映，在进行词汇教学的过程中，这一理论提供了启示。

由于相似性理论类别过多，在这里我们将不会一一列举，而主要是对距离相似性进行说明。当名词被形容词修饰时，中心词是名词，而形容则可以很多，但都是为了修饰名词，而这些形容词的顺序体现的就是相似性原则。形容词离名词越近，就说明这个形容词更接近本质。例如：

The splendid big old pink wooden house.

在本例中，the 是限定词，house 是中心词，形容词 wooden 强调房子形象、本质，而 splendid 是带有主观意念的形容词，位于限定词之后。由此可见，主客观意念可以通过形容词的顺序展现出来。

(三)利用原型范畴理论教学

通过我们对认知学科的研究,我们可以发现原型结构是自然范畴的一部分,由此我们就可以说原型范畴理论的属性就包括认知属性。教师在进行词汇教学的过程中,可以将词汇划为三类,划分类别的依据就是词汇的性质,教师可以引导学生,从而使学生可以在词汇原型含义的基础上,对词汇进行更深层次的了解。

到底什么是词汇的原型范畴,在这里我们将其理解为词汇的中心含义,在一定的范围内对词汇的含义进行深入的引申,从而使学生对于词汇的理解更加深刻,有利于学生对英语阅读的文章进行理解,提升学生理解能力和根据上下文进行词义推断的能力。

按照词汇性质可以对英语词汇进行划分,教师应该注重引导学生对词汇的基本含义进行理解,让学生先掌握一些核心的词汇,在这一基础上再来学习一些具有多重含义的词汇,使学生的能力可以逐步提高。

对于名词范畴的划分,学生要牢牢掌握,只有这样才能更好地掌握核心词汇。词汇教学中的动植物有五级范畴,学生要对这五级范畴进行牢牢掌握,只有这样才能在学好基本核心词汇的基础上不断延伸,学习更多的、更复杂的词汇。

(四)利用意群教学

西德尔(Syder)、波利(Pawley)研究了学习者的语言输出情况,我们可以对其得出的结论进行研究。研究发现虽然二语学习者可以很流利地说出第二语言,甚至其流利和熟悉程度可以与本族语言相媲美,但是二语母语者仍旧可以识别出学习者并非本国人,造成这一现象的主要原因是二语学习者在词汇的使用与搭配和二语母语者是不同的。

人的大脑有储存大量词汇的潜力。优选论(Prince and Smolensky)认为,"清晰性"与"省力性"是人类发音的两个基本规则,这两个规则之间是相互制约、平衡的。戴弗(Diver)指出,在实际的语言交际中,人脑同样会要求储存语言可以省力,但是同时又能满足交际的最大限度。人脑中的语汇不仅要求清晰、有效,还要求具有系统性,在实际进行应用的时候可以尽快地从大脑中调动出来,从而完成交际,满足人的交际需要。清晰就是人脑中的语汇要有一定的量,从而可以对自身的感情、思想以及观点进行表达；省力就是说人脑中的词汇要可以进行压缩，并且这种压缩是有效的。在人脑中储存的单词往往不是单独存在的，而是作为意群存在，在进行语言交际的时候，人脑可以直接从这个意群中来选取语汇。

"优选论的核心是制约条件的交互作用，制约条件又具有普遍性和可违反性。"① 所以即使是同一个单词，因为搭配不同，也可以进行重复储存，无论是母语的词汇，还是第二语言的词汇，都是如此，这就要求学习者将脑海中的意群构建起来，并且在这个基础上，来对相关的搭配进行学习，从而最终在交际的过程中使用这些搭配。

上述研究成果对英语词汇教学具有重要的启示。教师在进行词汇教学的时候，不能将词汇作为一个单独的模块，然后进行死板的教学，这样学生也只能进行死板记忆，这种方法可以说是完全错误的，只有将词汇和语篇结合起来，使学生可以对整个语篇进行大致了解，从而全面地把握词汇。不仅如此，教师还要记得结合句子的作用，使词汇可以在浓缩的语境中得到理解。教师可以多用高质量的句子，来让学生从中掌握单词，这种句子要求具有有效性，也就是句子要涉及单词的一些用法和搭配等方面的内容，使学生可以在意群中对单词进行掌握、理解和记忆。

---

① 谷小娟. 认知语言学对英语词汇教学的几点启示 [J]. 天津外国语学院学报，2012（2）：42.

第三章　基于认知语言学的英语语法教学

除词汇外，大学英语语法的习得也是一种认知的、心理的过程，从不同的角度，运用不同的思维模式和表达方式体验认知。本章主要探讨基于认知语言学的英语语法教学，详细论述了当前英语语法教学的问题、英语语法教学的良好改进策略以及认知语言下英语语法的分析。

第一节　当前英语语法教学的问题

英语语法的习得是一种认知的、心理的过程。这是因为学习者在熟悉语法以及语法的运用过程中会对客观事物进行多重认知，从不同的角度、运用不同的思维模式和表达方式体验认知。

由于受到思维习惯、价值观念等因素的影响，英语语法与汉语语法存在明显不同。具体来说，以形显义是英语语法的重要特征。为了满足句意表达的需要，有时应将句子中的词语、短语、分句或从句进行连接，英语常采取一些语法手段，如关联词、引导词等，以此从意义与结构两个方面实现句子的完整性。

开门见山是典型的英语表达习惯，因此思想、感情、态度、意见等内容常常在句子的开头部分进行表达，这主要是受到直线型思维方式的影响。可见，英语句子常采取前重心，即重要信息常常位于前面。

当前的大学英语语法教学虽然取得了一定的成果，但仍存在着一些亟待解决的问题。

一、教学方面的问题

传统的英语语法教学模式通常是通过教师单一的讲解，学生通过大量的记忆和练习逐渐掌握时态、句型等语法知识。这种教学模式取得的效果甚微，长期下去，不仅会打消学生学习语法的积极性，还会使其产生逆反心理。此外，在许多考试，如大学英语四、六级考试中，对语法知识的考查并没有占很大的比重，学生往往在考试之前做相关的练习，背背单词也能轻松通过，因此对语法知识的学习更加消极了。

二、教师方面的问题

在任何教学实践中，教师的教都影响着学生的学，教师本身的问题也给语法教学带来了不小的阻力。

（一）语法教学观念陈旧

目前还有些教师过分看重语言的形式，而忽略了其应用价值，反映在教学中就是认为学生理解了语法的定义、能够看懂例句，并能造出符合语法的句子便是掌握了该语法，而不关注其在生活中的运用，只注重学生造句的正确性。此外，在讲解语法时将语法的运用与真实的语境分离开，使学生对在何种语境下使用该语法产生了困惑。因此，教师应该更新教学观念，将教学与生活相结合。

（二）教学目标不清晰

在当前的语法教学实践中，有些教师只注重语言形式的讲解，将阅读文章或教材中随机出现的语法知识作为教学内容，教学目标不清晰。语法教学的目标应是使学生通过对语法知识的学习能够正确地组织语言并表达一定的意义，在实践活动中有效运用英语进行交流，不能只停留在书本的练习或文章的阅读中。

（三）教学方式单调

大多数英语教师在教授语法知识时往往采用先讲解语法概念和规则，后辅之相应的语法练习的形式。这种单调的教学方式始终将学生置于被动接收知识的地位，再加上大多数语法内容枯燥、无味，有较大的相似性，需要学生花大量时间记忆、理解，即使在课堂上听懂了，在实际运用中也不会恰当使用，最终，造成学生的混乱，丧失对语法学习的积极性。因此，教师要运用多种教学手段，激发学生学习英语语法的兴趣，让学生在兴趣中学习。

三、学生方面的问题

学生是语法学习的主体,是语法教学取得成功的关键。在当前的大学英语语法教学中,学生本身也存在一些问题。

(一)学习方法无效

由于对语法学习的认识不清,加上教师单一枯燥的教学方式的影响,学生往往会采用死记硬背的学习方法,过分依赖记忆和背诵。这种学习方法虽然能够帮助其记住一些固定的词组或句式,但是不能使那些零散的知识点整合在一起,形成知识网和框架,也不利于激发学习的动力。

(二)学习缺乏系统性

对于一些零星的概念和知识点,有些学生可能印象较为深刻,并能详细地讲解一二,但是涉及较复杂的语法内容时,便不能详细地说出其具体内容和应用时要注意的事项。因此,可以看出大多数学生在头脑中对语法知识都没有一个整体的认识,没有建立起一个完整的框架。

(三)缺乏语法的敏感度

对英语语法也应具有敏感度,缺乏敏感度就会在写作中出现语法错误或在改错题中无从下手,这与学生平时学习习惯是有关系的。加大课外阅读量是提高语法敏感度的有效途径之一,在阅读英语课外书籍时,除了能扩大词汇量,还能在头脑中形成对语法的感知,从而减少语法练习中的失误。

对当代大学英语语法教学中存在的问题进行分析,有利于加深对英语语法教学的宏观认识,为英语教学的改革提供前提基础,因此具有十分重要的现实意义。

第二节 英语语法教学的良好改进策略

一、多对比,善总结

英文和中文毕竟是两种体系完全不同的语言,两种语言肯定有很多的不同之处。然而中文作为我们的第一语言,肯定会对我们英语学习有一定的影响,其中有正迁移，也有负迁移，教师在教学过程中可以进行对比，加强学生的印象和理解。我们发现英文和中文有很多的区别，比如英文中有名词的单复数变化，而中文却没有；英文中的定语往往后置，而中文的定语多半前置；英文中有动词的时态变化，而中文却没有；英文的状语和中文的状语在句子结构中的位置也并不一样。例句：

The two books I bought yesterday in a book store are written by a famous writer.

我昨天在书店买的两本书是一位著名作家写的。

定语："我昨天在书店买的"在"两本书"之前；而"I bought yesterday in a bookstore"却是在所修饰的"The two books"之后，而且，定语中的动词、时间状语、地点状语等的位置也不一样。

名词："书"，"books"有不同的单复数变化。

动词："买""写"，"bought""are written"不仅有时态的变化，而且还有语态的不同。

谓语："是一位著名作家写的"，"are written by a famous writer"不仅有时态和语态的不同，而且还有词序的不同。

我们可以很清晰地从这个例子看出中英文结构的差异。如果表达英语的句子时按照中文的思路来进行，在实际的使用过程中就会出现很多不符合英语语法规则的错误。下边就是一个比较典型的学生最常犯的语法错误。

例如：She very much like watch TV.

她很喜欢看电视。

这个句子是中文式的句式结构，出现了很多典型的错误，包括以下几个方面：

（1）单数第三人称，一般现在时的动词 like 没有加 s，这是时态的错误。

（2）程度副词 very much 应在该句的句子末尾。

（3）在一个句子中有两个动词：like，watch. 一个英语句子一般只能有一个主要的谓语动词。

正确的句子应该是：She likes watching TV very much.

教师在英语教学中要有意识地培养学生用英语思维的习惯，也就是凡用到名词就一定要注意单复数的问题，凡用到动词就要自然想到它的恰当时态。这样有意识地培养英语的语言习惯，争取早日消灭名词和时态的错误。当然在训练的过程中，每个错误都会多次出现，要通过反复的练习才能改正，教师要给予学生鼓励和信心。

（一）思维方式对语言结构的影响

语言和文化也是相互作用和相互交织的，它们同时影响着思维结构，从而影响语言结构。在文化背景上，中文与英文各不相同，这也导致了双方的思维模式有着明显的差异。汉语和英语的语序表达有很多种。例如，中文的地址是从最大的区域开始，然后是最小的地方，英文则是从最小的地方，到最大的地方。例如：

No.2 Xueyuan Road，Yiwu City，Zhejiang Province，China.

中国浙江省义乌市学院路2号。

在以上例子中可以清楚地看到中英文在词序上的不同。

此外，不同的文化因素也会影响汉语的句式。中文往往把地点、时间、方式、修饰程度等细部放在句子前面，让人有一种在思考之后再讲话的错觉；英文通常会将主语和谓语放在句子的前面，比如主语、谓语，以及其他的一些细节，比如定语、同位语等，让人感觉像是在边思考，边在说话。我们可以对比下面两组例子。

Lao Li came to see me in a great hurry yesterday morning by bike.

昨天早上老李急急忙忙骑车来看我。

在这两个句子中，时间和方式状语"昨天早上急急忙忙骑车""in a great hurry yesterday morning by bike"明显处于不同的位置；最主要的谓语"来看我""came to see me"也分别在中文句子的后边和英语句子的前边。

She came to the station with a big luggage.

她带着一大包行李来到车站。

在这两个句子中，不仅主要的谓语部分"来到车站""came to the station"词序不一样，而且状语"带着一大包行李""with a big luggage"也在完全不同的词序上。了解这些差别，有助于学习者尽快掌握中英文的区别，提高学习的效率。

（二）定语、同位语的后置

在英语中，造成我们听力和阅读障碍的一个重大原因就是所修饰的词（或句子）常常被放在作为修饰或说明的定语、同位语之前。例如："我所看过的书"，首先要说"the book"，然后才是定语"I have read"。正确的英文词序应该是："The book I have read." 再例："世界上最大的城市之一——上海"，首先要说"Shanghai"，然后再把同位语"one of the biggest cities in the world"放在"Shanghai"之后。正确的英文词序应该是："Shanghai, one of the biggest cities in the world."

当我们处在理解速度缓慢的情景中时，就会发现定语或同位语把句子的各个主要部分分开了，使我们无法抓住句子的主要部分，分不清各部分的关系。下面就举两个这种情况的例子。

（1）This is a kind of printing that blind people can read by touching groups of raised points that are printed on paper.

这是一种盲人以触摸印在纸上凸起的点就能阅读的文字。

"that blind people can read by touching groups of raised points"是一个定语从句，修饰"printing"。"that are printed on paper"是另一个定语从句，修饰"points"。

（2）Spaceship without people have reached other parts of the universe.

无人驾驶的宇宙飞船已经到达了宇宙的其他地方。

"without people"是"spaceship"的定语，"无人驾驶"修饰"宇宙飞船"，中英文的词序不一样，主谓语被定语分开。

由于句子的结构未能被学生理解，尤其是没有弄清楚定语、同位语的后置，很多学生把学习遇到的困难归结为文章难懂。

我们可以看到，句子的前面和最主要位置会存放英文的主体成分，所以，我们可以把更长的定语、同位语看作是细节，放在被修饰的部分后面，首先是名词，接着是修饰。通过对比、归纳和总结，可以帮助我们更好地掌握二者的差异。

二、重积累，强语感

语言的基本规则就是语法，掌握了良好的语感，就可以准确地判断和运用语言。老师要组织同学们大声朗读英语，听一些有关的英语材料，培养他们的听力能力。

（一）朗读

通过朗读练习，教师可以有效地培养学生的语感。一些学生因受中学时期不良的学习习惯和不规范的发音的影响，因此不愿意大声地朗诵。教师可以在每天的课前，让同学们读十分钟的单词和课文，日积月累，就能看到很明显的效果。

（二）背诵

在学生朗读的基础上，还可以要求学生背诵。由于学生的水平不同，教师不能统一规定，而应该针对不同的学生给予不同的要求，做到因材施教。具体来说，分为以下三种要求。

第一种，一些重点词组和单词的背诵，对于个别英语成绩极差，各科学习都比较吃力的同学，是很有效的。

第二种，课文的重点段落、重点句子及复习要点中有用的习惯表达部分的背诵，则对于那些学习成绩处于中等位置的学生效果更佳。

第三种，那些英语成绩较好的同学，背诵每个单元的阅读课文、重点对话及复习重点是更好的选择。

口头表达能力、理解能力和书面表达能力都会因学生坚持背诵，而明显增强，并且这些学生将会把那些背书较少的学生远远地甩在身后。

（三）积累

在汉语学习中，教师经常会让学生搜集名言名句或者是精彩的语句，这一点在英语中也同样适用。教师要培养学生记笔记的习惯，让学生在课余时间搜集一些名言名句、优美的短文，并要求他们经常翻阅或背诵。由于名句比较短小精悍，一些英语的短文比较优美，因而读来朗朗上口。学生在重复翻阅和朗读的过程中就会自然地运用，并有意识地去模仿各种表达方式，久而久之，学生的语感就会得到很大的提高。

当学生听到类似下面的句子就会感到明显的不对。

Tom has traveled many places.（travel 不可做及物动词）

I have bought many book.（book 没有变为复数）

They are persons I'd like to make friends.（少了介词 with，短语是：make friends with）

通过大量的听、说、读、写的实践练习和交际活动可以培养学生的语感，并逐渐培养起来的良好的语言习惯，使学生的英语交际能力得到较大的提升。

语法是可以讲授和学习的，然而语感却是难以直接传授的，良好的语感在做选择题、完形填空题、阅读理解题、听力理解题以及作文等题目时，都能起到很大的作用。

三、列句型，明功能

学习语法的根本目的是交际，在实际教学中，应把虚拟式的语法功能联系语言的交际能力一同去讲解，比如在表示某事应该去做的场合，应该给学生提供下列几种句型。

（1）Subject ＋ suggest（propose, order, request, advisable...）＋ clause
（2）It is necessary（important, vital, essential, urgent, advisable...）＋ clause
（3）It's（high）time ＋ clause
（4）Subject ＋ would rather（would sooner/would as soon/would prefer）＋ clause

又如，表示不可能实现的愿望或假设的虚拟式。

（1）wish ＋ subject ＋ unreal past
（2）If only ＋ subject ＋ unreal past
（3）as if（=as though）＋ subject ＋ unreal past
（4）subjunctive in conditional sentence

这些语法知识不但使用的频率高，而且还是很重要的知识点。通过对这些虚拟句式进行分类，使其对上述句型的语法功能有一个正确的认识，从而区分英汉两者的相同和不同的表达方式。

四、懂规则，促巩固

英语的庞大的语法规则内容中，也有很多的不规则现象，容易出错的地方大多数是出现在语法不规则的地方。对此，学生只能去熟悉并牢记那些不规则的现象，并且在实际语境中加以运用。因而教师就要积极引导学生在这方面进行有效的练习，以促使学生及时巩固这些特殊词汇。

（一）不规则动词

不规则动词主要是指在变化为过去式或过去分词时有特殊变化形式的动词。

一般教材都会在后面附一张不规则动词表，教师可以要求学生定时定量地背诵。由于不规则动词也是常见动词，学生在学习时很难把它们的无规律变化全部记下来，所以很容易犯错误。在对不规则动词进行记忆时，应采用朗读法，首先记忆其发音，然后依其动词原形、过去式、过去分词等次序，并依此发音训练其拼写。

此外，不规则动词中也可以找到一些规则。例如：

（1）动词原形：come, become, 过去式：came, became, 过去分词：come, become, 变化规则：-come, -came, -come。

（2）动词原形：shake, take, 过去式：shook, took, 过去分词：shaken, taken, 变化规则：take, -took, -taken。

（3）动词原形：sing, sink, spin, 过去式：sang, sank, span, 过去分词：sung, sunk, spun, 变化规则：-in, -an, -un。

（4）动词原形：lend, send, spend, 过去式：lent, sent, spent, 过去分词：lent, sent, spent, 变化规则：-end, -ent, -ent。

除上述的例子以外，在读音、拼写和变化形式方面，也存在着相似的例子，这里就不一一列举了。在这种情况下发现相似点，对于学生来说无疑是很有帮助的。

（二）不规则名词

名词的不规则变化是指名词在变成复数时的例外情况。例如：

单数：criterion, phenomenon, datum, diagnosis, man, woman, 复数：criteria, phenomena, data, diagnoses, men, women。

这些不规则名词的变化也同样需要一一记住。不过它们也还是有一定的规则可循的，比如：以 -n 结尾的常变为 -a，以 -um 结尾的常变为 -a，以 -sis 结尾的常变为 -ses，把 man 常变为 men 等。

五、懂规则，讲运用

对于语法难的不是看懂，而是运用。很多学生都反映课堂上好像都听懂了，一到运用就不知该如何是好了。比如，我们在学习了一般现在进行时后，知道其表达方式为助动词 be 再加上动词的现在分词，即 be + ving，这个规则很好懂，一听就明白，那么翻译"我正坐着"，正确的英语句子就是"I am sitting."

我们在平日使用中文进行交流时，动词没有时态的变化，所以在实际的运用中，学生对在动词上加时态的做的改动是很不适应的，于是各种各样的语法错误就出现了：

（1）I is sitting.（助动词错误）

（2）I am sit.（现在分词错误）

（3）I am siting.（现在分词词尾变化错误）

（4）I sitting.（没有助动词）

很多时候语法的结构很容易理解，但是以上类似的错误会在学生的初学阶段反复出现，甚至包括已学过多年英语的学生依然会出现这样的错误。可见，语法的学习是需要大量的练习和时间才能巩固的。

对于语法的掌握是个实践性很强的过程，现在语法知识的题型多以选择题为主，然而选择题带有很多的偶然性，因此，即便学生选对了，也并不表明他们已经能正确地理解和运用了，尤其不能表明他们已经能够正确地写和说了。

学习者可以通过推理和排除等方法，在已经掌握的语法规则的基础上，进行正确的选择。因此，许多学生在做选择题时能够做出正确的判断，但是在说与写的时候，却不可避免地犯错误。所以这种练习有很多限制，无法完全证明学生已经掌握了语法。有许多人经过多年的英语学习，可以取得高分，但是，他们并不会把英语练得很好，因为他们只是懂得语法的规律，而不会使用它。只有在现实生活中能够恰当地运用英语，才能说自己已经学会了英语。

第三节　基于认知语言学的英语语法的分析

一、认知语言学对英语语法教学的启示

在认知语言学看来，语法是"约定俗成的语言单位有结构的总体"，每个"单位"的内部结构有可能极其复杂，但随着人们的熟练、灵活运用，又变得很简单。"约定俗成"并不是指任意的、没有理据的，而是指语言结构的理据构成一个连

续体，理据充分，随意构成的结构之间没有小的分类。而这些"约定俗成的语言单位"形成的总体又是"有结构的"，"单位"之间有等级上的差别。

此外，语言能力与人类的其他认知能力之间是没有明确的划分界限的，并不能严格区分开来，因此语言能力与其他认知能力又是紧密联系、不可分割的。语言能力的形成是人与客观世界相互作用的结果。语法的形成和运用是在相互作用的过程中，在获得的经验和感知的基础上形成的认知策略和规律。

可见，语法规则反映了人们的认知方式，是概念结构的符号化和象征化。对语法的分析离不开人的认知能力。分析人们对客观世界的体验和认知方式有利于认识其是如何决定了语言的表达形式。

认知语言学将各种认知能力与经验相联系，为语法教学的研究和改革提供了新的视角。将认知语言学的相关理论应用于语法教学中有利于语法教学与实际生活实践相结合，将枯燥的语法规则与学生自身的经验相联系，加深理解和记忆。

二、认知语言学在英语语法教学中的运用

认知语言学在英语语法教学中的应用一直是英语教学认知研究的重要方面。认知语言学是在语言学与认知学基础上产生的，其对语法的研究多在意义上，而不是规则上。下文将围绕认知语言学在英语语法教学中的应用展开分析。

（一）强调学生的主体作用

认知语言学认为语言的产生来源于语言使用，所以传统语法教学轻运用重知识的教学模式是无法提高学生的综合英语能力的，这是语法教学一直以来的误区。教师要改变枯燥刻板的教学方式，考虑学生的兴趣和需求，挖掘语法规则后更深刻的意义，引导学生进行多层次多方面的思考。值得特别说明的是，教师应关注学生这一语法学习的主体和语言使用的主体的决定性作用，使他们能够在语言使用过程中不断选择语言的表达式来表达自己的思想，而不仅仅是为了掌握抽象的语法规则，在考试中得到高分，却没有实际的运用能力。

（二）形式与意义相结合

认知语言学认为语义是语言最核心的部分，这一观点从语言的实用价值角度来看是合理的。对于大多数人来说，语言的功能是听和说，而不是对句型的操练。

认知语言学中有一个重要的假设：词库与语法之间的关系是连续体关系，它们都是符号结构，组成一个结合或清单库。① 这一假设包含了两个方面的含义。

（1）语法同样具有意义，语法的意义更抽象。

（2）词库与语法之间没有明显界限。

埃利斯（Ellis）曾提出了语言教学重要的两条原则：一是关注意义，包括语言意义与语用意义；二便是关注形式。这就要求在语法教学中要同时注重意义与形式，并将意义放在首要的位置。因此，学生不仅要理解语法规则的形式，还要知道这些形式所代表的意义和目的。

综上所述，大学英语语法教学是英语教学的重要组成部分，提高语法教学的质量对于培养综合性的高素质英语人才具有重要的意义。认知语言学将各种认知能力与经验相联系，应用于大学语法教学中有利于语法教学与实际生活实践相结合，将枯燥的语法规则与学生自身的经验相联系，加深理解和记忆。认知语言学为语法教学的研究和改革提供了新的视角，值得教师和学生对其进行更加充分的运用。

---

① 曾欣悦，刘正光. 认知语言学对语法教学的启示 [J]. 外国语文，2009（4）：112.

第四章 基于认知语言学的英语听力教学

根据认知语言学理论的观点,无论是语言学习、语言创建还是运用语言,这些与语言相关的活动基本上都需要透过人类的认知来加以解释。认识源于实践,反过来,认识又能为实践提供指导。在实际的英语教学中,教师如果能够对认知语言学所蕴含的哲学规律有深入的了解和认识,掌握与认知语言学理论相关的内容并将其运用于教学中,将对英语教学具有很强的指导作用。本章主要内容为基于认知语言学的英语听力教学探讨,主要论述了当前大学英语听力教学的问题、当前英语听力教学的重要发展以及基于认知理论的大学生英语听力发展。

第一节 当前大学英语听力教学的问题

英语听力作为一项重要的语言输入技能一直都受到极大的重视。听力教学对学生的英语学习以及交际能力的提高具有重要作用,听力水平的提高是英语交际能力增强的必要手段。然而,由于听力理解本身的复杂性,良好听力技能的形成通常需要听者对话语所传递的信息进行及时、有效的把握和判断。这种准确的把握和判断通常同听者的认知存在着密切的联系,因而从认知语言学理论的视角对听力教学进行探讨意义重大。

听在英语听、说、读、写四项基本任务中居于首位,所以对听力的教学就显得格外重要。然而,当代大学英语听力教学的效果并不理想,很多毕业生在就业过程中都表现出了一定不足,如无法满足实际交际和工作的需要。因此,不断修正和改进大学英语听力教学是目前亟待解决的问题。下面简单从学生、教师和教学环境三个层面分析当前大学英语听力教学中普遍存在的一些问题。

一、学生听力学习存在的问题

（一）学生的听力理解水平较低

在听力学习过程中，很多学生都会表现出一种恐惧、胆怯的心理，这是因为他们明白自身的水平并不高。学生听力水平不高的表现如下。

1. 学生的语音基础薄弱

不少学生都存在语音基础薄弱的问题，如音节、连读等知识的不足，所以在听力理解过程中很难对所听的语音、语调及韵律特征有一定敏感性，辨音能力很差。

2. 学生的词汇储备不够

在听力理解过程中，学生想要对所听内容的意义有大致的把握，没有一定的词汇量是很难实现的。目前，很多大学生因为词汇量匮乏而在听的过程中遇到各种障碍。

3. 学生的语法基础不扎实

听力材料中经常会涵盖一些从句、虚拟语气及被动语态等语法知识。如果学生掌握的语法知识并不牢固，那么他们就难以对一闪而过的语音信息做出正确的反应与判断，也就很难获得很好的听力效果。

4. 学生很难适应较快的语速

通常，学生在课堂上所听的音频材料都内容简单，语速较慢，加之一些教师在授课时的语速也很慢，导致学生已经习惯了这种缓慢的语速。因此，当学生遇到一些交际对话及大篇文章时就会不知所措。

5. 学生受汉语思维的影响较重

目前，有部分学生在听力理解时仍借助汉语进行思考，即将听到的材料在大脑中先译成汉语，回答问题时再转为英语。这就容易出现好不容易弄懂了第一个句子，第二句话早已经过去一半的情况。

6. 学生缺乏一定的文化背景知识

语言与文化是互相渗透、密不可分的。很多学生不能很好地理解所听材料，一部分原因是他们欠缺西方文化背景知识，如英语国家的生活习惯、风土人情、生活方式等。此外，积累一定的英语习语、谚语和俚语也是很必要的。

对于大学英语听力来说，听力理解过程有着至关重要的作用，英语文化背景知识才是学习英语听力理解的基础。所以，在英语听力课上，老师要不断地向学生灌输英语的知识，这样，学生就能迅速地把自己积累的文化背景知识融入听力的训练中，就会自然而然地融入自己的耳朵里，就能更快地融入自己的耳朵里，这样，他们就能在听的时候，在听英语的时候，使其在听到英语内容时也可以想到对应的文化背景。①

（二）学生心理负担过重

在英语听力课堂上，有的学生一听到教师要播放听力材料，就会感到紧张、害怕，大脑一片空白；有的学生因为自己的成绩不好而缺乏自信，甚至感到自卑，这是因为学生的基础知识掌握不够或不扎实。长期下去学生压抑的心理状态会使他们的学习情绪不佳，英语听力水平更难以提升。

（三）学生听力习惯欠佳

目前，我国高校培养大学生听力能力多是以理解英语语言基本大意为教学目的，而在听力理解过程中，学生不规范的听力习惯对于其获取听力信息产生了很大障碍。学生在听力理解过程中会竭尽全力地听懂每一个单词和句子，而当遇到一些新词或难句时就会停下来进行思考，此时学习思路就会打断，也就难以跟上听力材料播放的进程，进而影响其听力能力的提高。在大学英语听力教学实践中，很多学生都是被动的听者，很少会提前阅读一遍题目，这就无法预测即将听到的内容，甚至有学生会无所谓地对待听力理解，在听的过程中不集中注意力，对听缺乏重视。长期下去，不但影响学生听力成绩的提高，而且对口语等技能的形成产生消极影响。②

二、教师听力教学存在的问题

（一）教师的教学模式简单、机械

很多教师在听力教学中都会出现一个问题，即一味地使用一种教学模式，这对学生听力能力的培养是非常不利的。

---

① 郝慧慧. 大学英语专业学生英语听力的障碍及应对策略 [J]. 黑龙江科学，2014（12）：40.
② 李林烨，张乾. 大学英语听力教学的现状及应对策略 [J]. 科教文汇，2016（3）：166.

首先，一些教师在教授英语听力时并没有明确的目标，而是盲目地让学生听，学生如果听一遍不行就接着听第二遍甚至第三遍。教师盲目地教，学生也就盲目地听，听完简单对对答案，对个别词汇和语法做一些讲解，并没有能引起学生兴趣的地方，这就使听力课成了机械地放录音的活动。

其次，很多听力训练都是做测试题，对答案成了一节课的重点。教师将更多的注意力放在应试题型的训练上，却忽视了对学生实践能力的训练。

最后，很多教师在听力课堂上都会忽视培养学生整体理解语篇的能力，仍采用"听听录音、对对答案、教师解释"的单一授课模式。学生在这种环境下是很难有兴趣和动力进行学习的。

（二）教师对教学目标的定位不当

在英语听力教学中，很多教师因为缺乏分析、把握教材目标的能力，而将完成教材的听力练习当作听力教学的主要任务。有时教师如果认为教材上的听力材料太难，他们就会调整练习，降低听的难度，如将听力任务中要用完整句子回答的问题改成单词填空，且填空的内容多数都是学生不用听都能回答的问题。尽管这样做或多或少地利于听力教学的顺利开展，却违反了教材设定的最初听力教学目标，不利于进行有效的听力教学。

此外，受应试教育思想的影响，一些教师将教学目标最终锁定在通过英语应用能力考试（A、B级）、通过大学英语四、六级考试上，这就严重制约了教师对听力教学活动的合理安排。

（三）教师对学生的引导不当

在英语听力教学中，还有不少教师直接将教学当作考试训练，不给学生一定的引导就直接播放材料，要求学生完成听力任务。对于材料中出现的生词、学生陌生的话题以及背景知识置之不顾，加上学生根本不熟悉所听材料，导致学生在听的过程中屡屡受挫。加之教师对学生的引导不足，既难以使其在听的过程中获得成就感，又无法提高听力水平。

相反的是，有部分教师会在组织学生听材料之前对可能遇到的生词、句型及背景知识做过于详细的讲解。即使学生不听材料也可以直接给出答案。这种引导过细的现象将听力训练变成了摆设或走过场，对学生听力水平的提高没有一点好处。可见，教师的适度引导对于学生的听力能力有着重要作用。

三、听力教学环境存在的问题

（一）教学资源有限

近年来，随着各大院校的不断扩招，学生人数急剧增加，使得大班授课的情况成为常态。具体体现在，虽然学生人数迅速增加但教学设施没有增加，这就抑制了学生的听力学习兴趣；考试中听的分值有所提高，但学时仍没有变动，没能满足教学的要求。[①]

（二）听力教材陈旧

一本好的英语教材既可以丰富学生的文化素质，又能开阔学生的视野；相反，质量不好的教材对教师的教与学生的学都会带来不好的影响。可见，教材对教学活动的组织有着重要的指导意义。

目前，很多大学英语教材都存在更新周期较长、层次性低、多样性差等问题，难以体现高度变化和发展的时代特征。另外，这些教材的内容普遍缺乏开放性，内容较为陈旧，编排也很不合理，没能体现最新的教学方法和教育思想，所以没能发挥其对英语听力教学的辅助作用。

基于此，英语教师有责任为学生选择一些内容健康、新颖、实用的听力材料。另外，教师还要合理地使用教材中的听力材料，采用灵活恰当的教学方法，扩展教材的广度和深度，加深学生对材料的理解，以使学生学会举一反三，进而促进学生语言综合运用能力的提高。

第二节　当前英语听力教学的重要发展

一、从听的技能训练到听的能力培养

语言输入具有客观性和主观性，语言理解是客观与主观的统一。课堂听力教学既要对学生进行听的技能训练，使学生学会如何听（learn to listen），又要对学

---

① 崔春萍. 高职院校英语听力教学的现状分析及应对策略[J]. 教育理论与实践，2012（30）：59.

生进行听的能力培养，使学生具备为理解而听（listen to learn）的能力，运用听力技能从语言输入中获得交际信息。

（一）理解语言输入的二重性

理解语言输入具有二重性：客观性和主观性。理解语言输入的客观性是由语言输入本身决定的，因为听者必须根据语言输入的内容对语言输入的意义进行解读；理解语言输入的主观性源于听者，因为不同的听者具有不同的个人经历和交际目的，因而会对语言输入产生不同的解读。

1. 理解语言输入的客观性

语言的意义，包括概念意义和人际意义，这二者都具有客观性。

首先，语言所表达的概念意义是客观的。例如："The Earth turns around the sun."所陈述的天文知识"地球绕着太阳转"，即这个句子的概念意义，在目前科学的认知范围内是客观事实，任何人都不能对这个概念意义做出违反天文知识的其他理解。

其次，语言的人际意义具有社会规约性，因而也具有客观性。请看以下对话。

A：Excuse me. Can I ask you a question？

B：Sorry，I'm in a rush.

A：Thank you all the same.

在以上对话中，说话者 A 向听者 B 提出请求，即需要问 B 一个问题。当说话者 A 听到 B 说"Sorry, I'm in a rush."时，A 就应该明白听者 B 拒绝了自己的请求，因此自己现在不能问 B 问题。这是由语言的社会文化规约决定的，交际双方都应遵守，如果违反的话，不仅达不到交际的目的，还可能破坏已经建立起来的人际关系。例如：

A：Excuse me. Can I ask you a question？

B：Sorry，I'm in a rush.

A：My question is very simple. It won't take long.

B：But...

在以上对话中，当 A 没有按照既定的社会文化规约去理解 B 的话语而继续提出请求时，B 不仅没有答应 A 的请求，而且生气地离开了。

2. 理解语言输入的主观性

图式理论告诉我们：人们在头脑中以图式的方式储存了大量的知识和经历，人们是基于自己头脑中的已有图式对所听到的信息做出解释的。由于人与人的经历不同，不同的个体在大脑中所储存的图式就有所不同。因此，对于相同的信息，不同的人可能做出不同的理解，这就使语言理解不可避免地带有主观性。例如，寒暄语"What a nice day！"在不同的情境中可能会产生完全不同的理解。学生 A 在演讲比赛中获得冠军，在路上遇到学生 B，B 热情地向他打招呼"What a nice day！"A 立刻回应道"Beautiful！"觉得学生 B 通过跟他寒暄对他表示祝贺。可是，学生 C 在演讲比赛中败北，在路上也遇到学生 B，B 也热情地向他打招呼，同样说"What a nice day！"却使 C 感到很难过，心想：学生 B 是不是有点幸灾乐祸呢？于是，不做任何回应便气冲冲地离开了。

同样的语言输入，对于不同的人，或者处于不同心境中的同一个人，都可能引起不同的理解。这就是语言理解的主观性。

3. 语言理解是客观与主观的统一

一方面，语言的意义具有客观性，它是不以人的意志为转移的。因此，在言语交际中，交际双方需要正确地理解语言的意义，这是语言交际得以顺利进行的基础。但是，语言理解又是个人行为，每个人都基于自己头脑中的已有图式对语言输入做出解释。不同的个体，或者相同个体在不同的语言情境中，对语言的意义可能会做出不同的解释。这就决定了语言理解既具有客观性也具有主观性。因此，在言语交际中，双方常常需要进行意义协商，以便顺利地完成交际任务，达到交际目的。

（二）学习如何听与为理解而听的有机统一

语言意义的客观性要求我们正确地理解语言输入的意义。因此，学生需要学会如何听，以便掌握理解语言输入所需要的知识和技能。同时，理解语言输入具有主观性。作为不同的个体，学生需要运用自己大脑中的已有图式对所听到的语言输入进行加工，获取语言输入中所传达的信息、了解所传达的观点等，这就需要学生具备为理解而听的能力。

在学习如何听的过程中，学生需要得到教师的指导。这时，教师扮演的角色是指导者，学生扮演的角色是学习者。教师对学生的听力理解语言技能进行有效的训练，学生在教师的指导下掌握理解语言输入所需要的知识、技能和策略。在培养为理解而听的能力的过程中，教师和学生所扮演的角色是互为倾听者和意义协商者。在进行意义协商的过程中，学生理解的正确与否得以检验，正确的得到确认，错误的得到指正。在这个过程中，学生为理解而听的能力不断得到提高。

训练学生如何听和培养学生为理解而听的能力是课堂教学中培养学生听力理解能力的两个不同层面，缺一不可。教师要将二者有机结合起来，贯穿在课堂听力教学之中。

在课堂听力教学中，教师可以通过自由听和控制听相结合的方法，把对学生听力知识技能的训练和听力理解能力的培养有机地结合起来。

（三）自由听与控制听二者的有机结合

就非面对面听力材料的听力教学而言，训练学生如何听和培养学生为理解而听的能力可以通过组织"自由听—控制听—自由听"活动来实现。

自由听是培养学生为理解而听的听力活动，控制听是训练学生如何听的听力活动。培养学生的听力理解能力需要将二者有机地结合起来。

1. 自由听

在"自由听—控制听—自由听"活动中的第一个自由听指的是教师播放录音，不给学生任何提示，也不提出任何问题，不做任何限制，学生就像听广播一样，根据自己的语言水平、自己的兴趣所在自由地听。这是学生第一次为理解而听，教师为他们播放的影音材料，如收听一个故事、一则新闻、一篇科普短文等。例如，教师播放以下语篇。

Cats can see well in the dark. They like to hunt small animals at night.

Cats, especially young cats, are playful. They like to play with toys or shoes. They often chase their tails for fun. They learn how to hunt.when they are playing with things.

Cats have a good sense of smell. They smell the food and know whether it is safe to eat.They can smell what you had for lunch. They can smell the people you shake hands with.

Many people like to keep cats as pets at home. They think cats are smart, warm, gentle and loving !

在播放完这个语篇之后，教师问学生听到了什么，不同的学生听到了不同的内容。

T：What did you hear？

S1：Cats.

T：Great. What did you hear？

S2：Cats like playing with shoes.

T：Very good. What did you hear？

S3：Cats can see well in the dark.

T：That's true. What did you hear？

S4：People keep cats at home.

T：Very good. What did you hear？

从以上学生的回答可以看出，不同的学生听懂、复述出来的内容各不相同。不管学生说出来的是一个单词、一个短语，还是一个句子，都得到了教师的肯定。

需要指出的是，在自由听之后应该先请英语水平稍低的学生说出他们所听到的内容，以便他们可以先说出简单一些的内容，而后由英语水平比较高的学生说出复杂一些的内容。一般来说，在这个阶段，听力理解局限在理解语言本身的客观意义上。

自由听录音的次数可以根据听力材料的难易和学生的兴趣来决定。如果所听材料在学生的理解范围之内，并且学生喜欢听，就可以多放几遍，每次听完之后都鼓励学生说出更多的内容。

2. 控制听

在第一轮自由听之后便进入控制听。控制听指的是教师通过干预听力过程，指导学生学习如何听。在控制听阶段，教师通过精听和泛听相结合的方式，指导学生学习如何听，以便掌握理解语言输入的知识和技能。

3. 自由听

在完成第一阶段的自由听和第二阶段的控制听之后，学生对所听语言输入的意义有了基本的理解。这时，再组织一轮自由听，使学生从宏观上对所听语言材料进行整体感受。这是又一次为学生创设为理解而听的机会。在这个阶段，学生根据自己头脑中的已有图式对所听语言材料做出自己的解释。

在本次自由听之前，教师可以提出宏观方面的问题，请学生带着这些问题去听。例如：

（1）What idea in the text do you like？ Why？

（2）What idea in the text do you NOT like？ Why？

（3）What lesson did you learn from the text？

在最后这次自由听之后，教师可以组织学生进行小组活动，就所听材料进行讨论，也可以进行主题扩展性讨论。讨论之后请各个小组选派代表在全班汇报讨论结果。这时，教师作为听者，倾听学生汇报其理解语言输入的结果以及他们对所听语言输入的观点，检查其理解的正确性，并与学生进行意义协商，给学生提供真实交际的机会。

从听的技能训练到听的能力培养，实质上是帮助学生经历一个从学习如何听到为理解而听的发展过程。也就是说，学生在听力训练中学习如何听，掌握听力技能。在经过充分的听力训练，掌握了一定的听力技能之后，学生就把从训练中获得的技能转变为能力，使听的目的不再停留在学习如何听上，而是上升到为理解而听的高度，使听成为获取信息的工具，这时，学生便具备了听力理解能力。

二、当前大学英语听力教学新方法

大学阶段进行英语听力教学是需要一定的科学方法来作为指导的，这样才可以使得英语教学效果实现科学提升。随着各高校英语教学改革进程的推进，对于英语听力教学的研究也是逐步深入。只不过高校进行大学英语听力教学时要意识到这个过程是需要一定的时间的，而不要在短时间内急于求成。同时这也决定了英语教师在进行听力教学时所选择的方法就要从实际出发，要与实际的教学条件和学生的学习能力相适应。总体来说，如果要对听力教学进行划分的话我们可以从不同的阶段入手，因此就有了初级和高级之分。初级阶段的重点是要弄清楚学生对听力学习的兴趣高低，而高级阶段就上升到了知识技能层面。以下便是分别从这两个阶段出发所总结出的与之相适应的提升英语听力的方法。

（一）初级阶段教学方法

语音是影响听力能力的一个重要方面，甚至可以说是前提。而语音能力又包括听音、辨音两个方面，因此英语教师在进行初级阶段的听力训练时要特别注意这方面能力的提升。

1. 根据听力材料默写

在进行听力训练过程中根据听力材料进行默写是一种非常有效的促进听力提升的方式。只不过需要注意的是，听音默写的过程同时也是学生的一系列认知活动开展的过程。

听音默写的作用对于学生来说，一方面可以锻炼听音能力，另一方面在听音的过程中也会对其意思进行快速识别，可以说是一举两得。

在听音默写的过程中，学生在锻炼自己语音的同时也加深了对单词的印象。另外，这种方法也同样适用于听句子和短文的训练中。只不过学生在整个过程进行中需要高度集中注意力，从脑海中的知识储备库内快速检索出所需的内容，这样才能持续地使能力得到提升。

2. 根据单词辨音

大学英语听力能力的获得还需要依靠足够的词汇量来作为强有力的后盾。学生所掌握的词语的质量和数量直接制约着其对听力材料中单词的理解能力。从这个角度来说，在进行听力教学的过程中同样需要重视对学生词汇方面的教学。

3. 听和音的匹配

听和音的匹配主要是通过文本和图片两种形式来体现的。匹配可以在听的整个过程中进行使用，包括前、中、后三个阶段。其中，在活动前进行匹配的目的是为后续的听力训练打下良好基础，而在活动中的匹配则对形式有了一定的要求，这都为后面阶段的匹配做好了准备。

4. 行为反应

听力的实践过程实际上就是学生的反应过程，他们根据所接收到的不同信息然后经过识别后做出相应的反应，并使交流可以持续下去。所以在实际的教学过程中就需要在行为反应方式的帮助下对学生的听力能力展开训练，以便为日后的交际打下坚实的基础。

5. 根据声音观看影片

英语对于我国来说是一种外来语言，是作为第二语言来进行学习的，这就导致了在实际的英语使用过程中缺乏一定的语言环境的支持，这在一定程度上影响了学生对英语的学习兴趣。而学生对英语听力的学习兴趣直接影响着最终的教学成果的好坏，可见在实际的英语听力教学过程中调动学生的兴趣和积极性是至关重要的。根据声音欣赏影片的方式是提高学生听力兴趣的一种重要方式。

在这一过程中，教师可以根据学生的能力按照以下步骤来安排教学。

（1）反复播放1至3遍录音，学生可以一边听一边跟着重复练习。

（2）在听影片的过程中，如果遇到不理解的词语时要及时记下，然后在影片结束的时候要趁热打铁，通过查字典的方式来找到适合影片语境的合理解释。

（3）教师在影片结束以后要对学生的掌握情况进行及时检测，可以使用的方法包括用英语来回答教师所提问题、将影片中的经典台词进行口译以及进行复述等形式。

（4）让学生分段听标准录音（或唱片）。

6. 排序练习

以排序的方式进行练习也是英语听力训练过程中经常会用到的一种方式，可以在一定程度上提高学生的识别和理解能力。此外，排序的方式也并不是一成不变的而是多种多样的，排序的依据可以是事件的先后顺序、故事发展的经过顺序等，学生可以根据操作步骤进行排序，甚至还可以根据信息出现在录音材料中的先后顺序来进行划分。

（二）高级阶段教学方法

初级阶段是一个入门和打基础的阶段，其目的是让大学生对英语语音有一个初步认识，而到了高级阶段要求就会相应提升，目的也上升到了能力技能提升的高度。通常教师可以利用以下4个技巧促使能力的快速提升。

1. 猜测词义

在听力实践过程中，学生清楚地听清每一个单词是不容易做到的，在这种情况下根据词义猜测的方式进行句意的理解就显得很有必要了。

通常，一段文章中也并不是所有的信息都是有效和重要的，学生要做到的就是要能够识别和区分哪些信息是重要的，哪些信息是次要的，而哪些信息又是不重要的。一般重要的信息在文章中会反复出现，学生要注意识别。所以，即使有些信息没有听懂也没有太大关系，因为只要后面没有再次提起我们就可以将其划分到不重要的行列，然后忽略掉。但是，如果后文对它进行了进一步的解释和说明，我们就可以判定这一类信息属于比较重要信息的范畴，对其进行理解可以帮助理解全文内容。因此，面对这种词语我们再根据前后文的描述进行猜测也不迟。

2. 笔记记录

教师在教学过程中可以根据自己丰富的教学经验向学生传授一些实用性强的进行听力记录的方法。把笔记记得很完整那是不可能的也是没有必要的，可以通过如时间、地点、数量、年龄、价码等数字和关键词把与题干有紧密联系的信息记下来，这些都是教师需要传授给学生的，这其实也是一种速记方法。当然如果学生有自己的一套记忆方法也是可以的，同时也可以将这种方法分享给其他人。

3. 细节把握

英语的听力训练是特别考验学生对细节的整体把握，因为有时答案可能就隐藏在问题中，需要学生足够细心才可以发现，而这也往往是学生很难注意到的。这些问题中的细节往往与5个W（when, where, why, who, what）问题有关，认识到这些规律，就能准确理解听力的内容。因此，在实际的练习中不妨试试这种方法。

4. 抓住重点

很多听力水平不高的学生，在听力练习中习惯将注意力平均分配在每个单词上，从而造成精力分散，无法从整体上把握句子的重点。因此，听取信息时应该有所侧重，即要听主要内容和主题问题，捕捉主题句和关键词，避开无关紧要的内容。因此，大学英语教师在进行方法传授时要让学生树立抓重点的意识，并要经常针对这方面进行练习。

第三节　基于认知理论的大学生英语听力发展

一、认知语言学对大学英语听力教学的影响

（一）可以提高学生的语言感知水平

语言感知是听力理解的第一步。言语听辨的"肌动模型"强调，听者的听辨是依赖于发音的，其听辨能力的好坏取决于自身的发音水平，所以在英语听力教学中教师应该不断训练学生的英语发音，以提高其听辨能力。

学习者心理词汇的提取主要受两个因素的影响：意义和声音。交互模型认为，学习者心理词汇的提取首先需要有声音的激活，并且词汇听辨其实是语言听说过程中的第一步，是听力感觉中最难的地方，所以对词汇进行听辨训练非常重要。此外，教师还应经常组织学生进行仿读训练和朗读训练，以掌握正确的语音、语调，提高学生对语言的感知能力。

（二）可以加快学生对二语词汇的提取速度

学生提取内部词汇的速度越快，那么在处理信息时的速度也就越快，这样就能将更多的注意力放在句子和语篇等方面。学生要想保证二语词汇的快速提取和正确使用，需要努力做到如下三点。

首先，应加强二语词汇与概念层的联系，尽量避免用母语来翻译对等的词汇，减少母语对二语习得的干扰。

其次，应弄清每个二语词汇的语义网络，建立一个带有母语心理词库特征的二语心理词库。

最后，要对词汇进行反复持续的记忆。

（三）可以丰富学生的知识框架

听力理解是听者的已有知识和口头语篇信息相互作用的结果，已有知识决定着听者能否很好地理解语篇。图式在听者大脑中越完善，那么听者对信息预测、推理和证实就越快、越好，就能更好地运用两种信息处理的模式。[①]

[①] 麦茵. 认知语言学对高专高职大学英语听力教学的启示[J]. 科技创新导报, 2009（14）: 140.

二、基于认知的大学英语听力教学设计应遵循的原则

教学设计是教学目标、教学内容、教学策略和教学媒体等要素的综合体和模式化。影响学习的因素主要有三个：学习者的认知结构、学习者将新知识与认知结构互动的能力、学习者将新知识与认知结构连起来的主动意识。可见，如果可以把学生的语言能力与认知结果充分利用起来，那么以认知理论设计为基础的大学英语听力的教学目标就能实现，培养其有意识地将新知识与现有认知结构联系起来的能力，提高其听的能力。

（一）将学习策略训练与听力教学内容有机结合起来

这是一条基于元认知理论的教学设计原则。在听力理解过程中，学生应利用各种认知策略解决问题、存储信息、调动已有知识。在感知阶段，听者要应用选择注意策略将注意力有选择性地集中于重要信息上。在效用阶段，学生利用推理策略，如利用表示时间或事物特征等各种信息进行意义推理。认知策略主要用于语言学习的各种活动中，包括获得、存储、恢复和使用信息的过程。因此，我们就要将听力理解作为有意的对象加以监控，且在必要时采用一定的调控措施来解决各种问题。元认知策略与认知策略对学生的听力理解有着潜在的作用，能帮助学生在学习听力的过程中进行自我调控和规范。因此，在大学英语听力教学设计时教师应有意识地训练学生的元认知策略和认知策略。并且，教师一定要将元认知策略、认知策略、教学内容有机地结合起来，以使学生可以在具体的听力材料中了解如何运用这些策略。

（二）教学形式多样，创设与听力内容有关的情境活动，介绍背景知识

这是基于图式理论的大学英语听力教学设计的原则。图式在听力理解过程中发挥着重要作用。在听前阶段，图式可以消除学生的紧张情绪，并能预测一些信息；在听中阶段，图式可以发挥联想、推理、补充信息差，合理分配注意力、回忆已有知识、促进理解；在听后阶段，图式能起到根据记忆总结要点、语义重构以及按照一定规则存储信息的作用。

（三）视听说结合，开展强化记录的训练

这是一套基于记忆理论的原则。听是一个积极主动的对信息进行认知加工的

心理过程，共经历三个阶段：一是听觉器官进行变音；二是辨别出来的句子或片段进入短时记忆；三是经过辨认与联系原语句以高度浓缩形式存入长时记忆。相关研究表明，人们在收听时的记忆为短时记忆，通常一个人一次仅能记住8个相关的数字，或者6个相关的单词。在听课过程中，学生是通过从听觉获得信息来理解语言的，但听觉的时间属于一维的。因此，与文字阅读相比，听对学生的记忆能力提出了较高要求。教师应充分利用一些多媒体设备为学生开展以听力训练为主，其他技能训练为辅的听力活动。多媒体设备会融视、听、说于一体，让学生充满兴趣地学习，视听说结合的方式可以大大提高学生听力理解的效率。

另外，做笔记也是听力理解中不可忽视的一个手段。在设计英语听力课程时，教师应考虑听的过程中学生除了接收信息以外还要对它们进行分析、归纳从而获得意义。因此，对于一些信息量大、篇幅长的听力材料，应该借助于笔记。要想快速、准确地记忆一些听力信息，学生必须具备一定的速记能力，如可以利用简写、符号、图形等表示。①

三、图式理论在大学英语听力教学中的应用

图式理论是认知语言学中的一个重要理论，且对英语听力有着重要影响。这里重点研究图式理论在大学英语听力教学中的应用。

（一）图式理论对大学英语听力教学的影响

听力理解的过程可以分为两种：自下而上的过程和自上而下的过程。前者强调要通过语境线索与背景知识来建构语言的意义。基于此，如果听者了解说话者、情景、主题以及交谈目的等信息，那么就能较好地理解输入信息的意义。由认知语言学的相关理论可知，人们主要是通过完型感知、动觉、意向来感知外部世界的，这就形成了意向图式和认知模式，所以当教师在教授不同文化背景的课程时，要利用图式理论帮助学生掌握更多的背景知识，充实学生原有的图式结构。

听力教学可以大致分为三个环节：听前、听中和听后。其中，听前和听后与图式理论的关系最为密切。听前的目的是使学生做好听的准备，此时教师应用图式理论来激活学生的思维，这样一方面可以引导学生预测所要听的内容，另一方

---

① 张晖. 基于认知语言学理论的大学英语听力课堂教学设计的原则探索[J]. 贵州遵义医学院大学外语部，2010（8）：2-5.

面能减轻他们的心理负担。因为每个学生的成长环境和生活阅历均有差异，所以他们的理解也会有所不同，即便对同一个主题、同一个句子或同一个单词的意义进行理解，彼此都会存在一定偏差，这时教师就要利用学生的原有图式与主题内容有关的图式帮助其对主题的内容有更多的了解。在听后环节中，教师可以借助隐喻、转喻等方式帮助学生理解有关内容，并结合语言材料的信息建立起新的图式，使学生形成更大的图式网络。①

（二）图式理论对大学英语听力教学的意义

1. 强调知识对于听力理解的作用

已有知识对于大学生的听力学习有着至关重要的作用。正如美国认知教育心理学家奥苏伯尔（Ausubel）所指出的，学习者的已有知识对于新知识的学习来说有着重要作用。他还强调，影响学习的重要因素就是学习者已经掌握了哪些，想要探明这一点，就要以此为据展开教学。图式理论中注重的已有知识与教学的准备性原则相符，所以可称作"量力性原则"。这里的准备性原则是教学需要遵循的重要原则，要遵循这一原则就要先对学生的知识准备与认知发展准备有一定了解。然而，在英语听力教学中，教师常常忽视这一问题，认为学生经过大量的听力训练就可以提供听力水平。事实说明，如果教师不了解学生的听力认知水平，那就无法根据学生的准备状态进行听力教学，就难以用有效的方法提升学生的听力水平。

2. 讨论了新信息与原有知识之间的关系

在利用现有的知识获取新的信息时，首先要确保新的信息符合现有的图式，使其更好地利用现有的信息，使其更好地完成对信息的加工，特别是新输入的知识必须能被学习者目前的认知水平所接受，不然，图式将不能真正起到应有的效果。这种看法与美国著名的克拉申的二语学习理论有异曲同工之妙。克拉申"输入假设"认为，外语教学最好的方法是向学习者提供理解力，其基本模式是：i+1，通过对比学生现有的认知水平略高的输入进行学习，其中 i 为学习者目前的语言能力，i+1 则是指学习者在现有水平上的更多输入。在这里，学生必须能够被学生所理解并能够被接受，并且能够与上下文、情景以及非言语信息相联系。这种语言的输入叫作"理解力输入"。克拉申也注意到，在你向学生说话时，要

---

① 陆文坤. 浅谈认知语言学的图式理论与英语听力教学 [J]. 湖北函授大学学报，2015（2）：163-164.

保证他们能听懂你的意思，并且让他们的输入或多或少地含有超过他们的能力范围的语言。综上所述，i+1 中的 i 表示学习者已经掌握了图式，当所获得的知识与所获得的信息相匹配并能够工作时，所存在的图式就会被赋予相应的功能，从而达到语言习得的目的。

3. 立足已有知识，促使学生听力认知水平的提升

学习者大脑中建立的已有图式并不是固定不变的。事实上，这些已有图式会随着学习者视野的开阔，经验、知识的积累而得到充实，从而达到新的认知水平，产生新的认知图式。

图式理论还认为，教师在英语听力教学中应该有意识地发展学生的已有认知水平，既要根据学生已达到的听力水平进行教学，又要对学生今后发展的状态进行预知，且能合理、有效地影响这种发展。苏联著名心理学家维果斯基认为，教育应当在某种程度上促进认知发展，为此，他还提出了著名的"最近发展区"理论，即教育要考虑到学生已经达到的程度，而且要领先于他们的发展。一般而言，一个人的发展程度可以分成两类：一是已经发展程度（已经存在的图式）；二是在有引导的前提下，能更好地引导他人。所谓"近期发展地区"，就是两者发展水平的差别。

语言和学生的认知是密切相关的。事实上，语言的学习是一种认知能力的发展。因此，在英语听力教学中，教师要注重提高学生的认知能力，培养他们的正确的认知能力。

学生的英语学习可以大致分成三个认知阶段：最初阶段、中介语阶段和高级阶段。在最初阶段母语的负迁移作用会影响英语学习，学生会习惯性地用母语思维来理解英语，这就给理解带来了一定困难。此阶段，学生之所以会经常出现这种问题，主要是因为他们对新的语言仍处在摸索阶段。这一阶段学生的认知水平处于前系统错误阶段，学习过程中产生的错误也属于"前系统错误"。因此，在这一阶段的听力教学中，教师应该组织学生开展大量的强化训练，纠正学生产生的前系统错误，以帮助学生顺利地进入下一阶段。

当学生对英语有了一定的了解，并且能够分辨英语与母语之间的相似性和不同点时，他们就进入到了中介语的发展阶段。中介语是指学习者在一定时期所形成的对二语的认识体系。从结构上来看，它仍然处于母语与外语之间的过渡阶段，

它是一种既不同于母语，也不同于另一种语言的体系，它在不断地演变，并逐渐地向着第二种语言演变。中介语的认知发展程度介于母语与外语认知的中间，即中间语的认知程度是英语学习的"最近发展区"，在这个时候，它的目标就是要在最短的时间内将学生的语言发展区推向英语认知。这个阶段的语言失误，不是单纯的认知能力造成的。心理语言学与认知心理学的迁移理论认为，在中介语阶段，英语的学习过程中，学习者会有意无意地使用某些母语的语法，从而产生某种迁移。这个阶段的同学们已经掌握和熟悉了语言中的某些连贯而系统的语言规律，但是还不完整。这个阶段的学生，如果有一些语言上的错误，可以自己纠正。

随着学习者的语言能力的提高，相关的语言和文化知识也在逐渐丰富，中间语逐渐从母语过渡到规范英语，并能运用英语的思想去理解和表达意义，这时英语的学习已经步入了一个新的发展阶段。在这个阶段，学生能够充分地接受新的语言和文化，并且能够运用英语来表达他们的想法。在这一阶段，尽管有些学生在语言上也会有一定的失误，但这些失误都与他们的民族文化特点有关。这种错误也许会持续地出现在学生的语言中，但是不会影响他们的语言训练和学习。

（三）基于图式理论的大学英语听力教学设计

1. 教学模式的内容及其程序

（1）听前导入

在听前导入阶段，学生的主要任务是根据标题预知此故事是有关什么内容的，在这一阶段，教师应该为学生的听做如下准备。

首先，教师要为学生介绍一些听力材料的背景知识。这一做法的目的是为学生了解听力材料的内容做心理上和知识上的准备。

然后，对学生已有的图式，教师应尝试去激活。具体做法是：提问或组织学生讨论，这么做是为了让学生了解教材中对知识掌握程度的要求。

最后，教师引导学生构建材料的图式是很有必要的，如主题句、问题图式、图表、结构提纲等，这样就能够让学生预知将要了解的材料，使他们紧张和焦虑的情绪能够得到减缓，用积极的心态完成听的活动。

（2）听中的整体认知

在听中阶段，学生需要处理的问题是：故事的主要内容是什么？这一阶段，学生应采用如下认知策略。

第一，抓听关键词，掌握文章大意。

第二，挑重要的听。

第三，使用猜测、判断、联想和想象等听的策略。

第四，适时联系语境的图式。

（3）听后的讨论总结

在听后的讨论总结阶段，学生应该解决的问题是：我认为这个故事是有关什么的？这一阶段，教师应该为学生组织如下活动。

第一，组织学生进行集体或小组讨论或总结活动。

第二，梳理好思路，修正错误的引导图式。

第三，要求学生反复听并做同步听力练习，以巩固所学知识。

（4）能力发展

在能力发展阶段，学生应该把握以下几点：通过这堂课，我学到了什么？在这种情况下，老师可以让学生在听课后进行反思，并撰写自己的经验。英语听力教学的目标不仅在于提高学生的英语听说能力，还在于提高他们的认知能力，使他们能够把好的方法和策略转化为自己的知识。

2.教学模式的特点

（1）具有较强的预测功能

在进行听力练习的时候，如果学生能够在听完上文的句子后，对下面的内容进行预测，则表示他们的听力比较好。因为，听力的学习，就是对自己的判断进行检验。学生的预知能力对于他们的阅读理解和听的能力是非常关键的。听前预测能有效地克服听觉上的盲目性，使学生能有选择地听，并能获得更多的预期信息，从而提高听力理解的效率。

（2）任务明确

基于图式理论的听力教学，每一阶段均有明确的目标，学生带着不同的听力任务，所以参与活动的机会很多，这就与传统的听力教学有着很大不同。学生参与活动的机会越多，其可理解性的输入就会增多，语言习得就会越快。

（3）为自我评估提供了参照标准

在英语听力理解的基础上，学生的脑中就有了预先知道的知识，可以随时根据自己的预知，对所获得的知识进行加工、提取、筛选、重组，最后将其与自己的预测进行比较，从而做出相应的调整。听前预测可以帮助学习者进行自我评价，从而有效地改善听力的学习效果。

（4）教师的主导作用与学生的主体作用都得到了发挥

在这种教学模式下，教师扮演着一个重要的媒介角色，他关注着信息的传播过程和传播途径。在这一模型中，学生是主要的认知对象，他们对语言信息的重视程度更高，即作为学习的主体，学生的英语意识是在老师的引导下进行的，而在这个过程中，教师起着主导的作用。

第五章 基于认知语言学的英语口语教学分析

口语是表达感情、传递观点、沟通思想的重要工具，从认知语言学的角度对大学英语口语教学展开研究，对于全面提升大学英语口语的教学质量具有十分重要的意义。本章主要内容为认知语言学下英语口语教学分析，论述了当前英语口语教学的问题、英语口语教学模式与方法的发展以及认知语言学下大学英语口语教学的分析。

第一节 当前英语口语教学的问题

动力是人类进行行为动作的重要心理特征。在说话过程中，只有说话人产生想说的念头，才会进行交际活动。当念头产生之后，说话人主动将想说的内容与言语的表达形式相联系，进而诱发"如何说"的行为状态。总体来看，说话人从想说到说明白的过程就是言语活动的产生过程。

口语是一种最基础的语言形式。从语言的起源、发展、使用等方面来看，口语占据了主导地位。但是，就英语学习而言，由于各种原因的影响，大部分大学英语专业的学生在口语能力上要低于听、读、写、译等能力。长期以来，英语五大基本技能中"说"一直没有受到足够的重视，这一直是教与学都头痛的问题。所以，提高英语的实际运用能力，特别是口语交流的能力，就变得非常重要。让学生的口语水平得到提升，其口头交际能力切实得到强化，使其成为复合型人才，以适应当下社会对学生提出的新的要求，这些已成为高校英语教学发展面临的一大挑战。

一、口语教学环境存在的问题

(一)教师自身水平有限,教学设备资源匮乏

优秀的口语教师是口语教学的关键,因为教学方法的使用、教学模式的确定都是由教师来完成的。但是,目前大多数口语教师水平偏低,对语音、语调的把握不够准确,因此教师在课堂上为了避免这些问题而较少展示口语。另外,教师在英语和汉语两种语言的转换上有所欠缺,导致教学中不能正确地把握两种语言的特点和具体差异,必然导致口语教学效果差。最后,很多大学的口语教学设备较为陈旧、单一,这也是影响大学英语口语教学的一个重要因素。

(二)教学氛围差,缺少语言环境

目前,我国的大学英语口语教学多是在汉语的环境下进行的,日常的生活也用不到英语,教师也并没有为英语教学创设良好的氛围,因此导致学生宁愿把多数的时间浪费到研究语法规则和阅读上,也不会去进行口语训练。

另外,学生学习英语的时间也都是在课堂上,课下接触英语的机会很有限,课堂上的英语口语教学都是模拟教学,这和现实的口语交际相差甚远,因此教学中缺乏真实的语言环境。

需要特别指出的是,在经济较为落后的西部地区,由于学生在日常生活中很少接触英语,缺乏真实的口语环境的情况表现得更为明显。

(三)英语口语教学不受重视

在当前的教育体制下,很多大学在课程体系、课程设置、课程结构等方面都没有将英语口语教学作为教学重点突出出来。具体来说,大学英语课程一般设置为精读和听说两大类:精读课程涉及语法、词汇、阅读等内容,因此学校和教师都会更加重视这一部分的教学,在课时分配上也较多;听说课程基本以听力为主,剩余口语的时间是少之又少,口语训练不过是摆样子、走过场而已。同时,学生自己也认为听说课实际是可有可无的,因此他们的出席率也不高。可见,无论是学校、教师还是学生都对英语口语教学的重视不足。

(四)大班授课,实践机会少

大学中的英语教学大都采取大班的形式,这既是为了教学的便利也是为了

教师资源的节省。因此，这造成很多大学的班级人数设置过多，有些甚至一个班100~200人，这种大班教学不仅忽视了学生的个体差异，也使得学生实践的机会很少。课堂45分钟的时间是有限的，因此不允许每名学生都有足够的时间去进行教学实践，这必然影响学生口语水平的提高。

二、教师口语教学存在的问题

（一）教学观念、方法以及内容陈旧

在传统模式下的大学英语教学，教师占据着主导地位，但是教师并未过多教授学生口语技能和口语策略，而是着重于灌输语言知识；有些大学不更新教材或者教材的内容陈旧，教师也并没有在这些教材上加以创新；教学方法传统、单一，整个班级死气沉沉，不足以吸引学生的兴趣，这一系列的问题最终导致口语教学和学生的口语技能培养格格不入。

（二）忽视英语文化背景和英语思维

很多学生可能会有这样的情况：当你与人用英语交流时，你总是把每一句听到的话先翻译成汉语，然后经过大脑思考之后再进行口语表达，这就是典型受文化背景和文化思维的影响。这样的思维形式很容易造成交流的障碍。受国别、地域的影响，人们的思维习惯、价值观、生活方式也存在差异，如果不了解对方的文化，很容易在交流中产生误解，甚至有可能会产生敌意。这么严重影响教学的情况不得不引起教师的注意，不得不思考在以后的教学中注重培养学生良好的英语思维习惯。

（三）忽视学生心理上存在的障碍

由于学生在课堂上训练的机会很少，加上教师的教学模式单一，必然导致学生学习兴趣不足；当学生遇到问题或者回答错误的时候，教师更多的是指责和抱怨，这更加削弱了学生的积极性。面对这些情况，学生怕说错，不敢开口说，导致学生心理上存在障碍。如果在课堂上都不敢说，那么该如何面对以后的口语交际呢？可见，忽视学生心理上的障碍是目前口语教学需要解决的一个重要的问题。

(四)面向全体学生,忽视了学生个性差异

受不同地域、不同教学质量的影响,学生自身的口语基础差距很大,但是教师忽视了学生的个体差异,采用"一刀切"的方式进行教学。学生的基础不一样,学习方法和学习策略也各异,因此呈现在课堂上的表现能力也会不一样,教师的这种"一刀切"的教学模式只会让基础好的学生更会展现自己,而基础差的学生更加自卑,这当然很难提高整个班级的口语水平。

三、学生口语学习存在的问题

(一)学习效果差

就目前的情况来看,我国学校教育中学时最多、历时最长的一门课程非英语莫属。经过中学阶段的学习,学生的词汇量可达到 3300 个左右,他们对基本的语法规则也应较好掌握。如果再经过大学两年公共英语的学习,词汇量最多可达 4500 个左右。总体来看,英语课程在中学与大学阶段的总课时超过了 1480 学时。但是,花费如此巨大的时间、精力之后,大多数学生的口语水平仍然处于"哑巴"英语的程度,英语口语学习的费时低效的现象普遍存在。

(二)心理压力大

我国的英语教学长期存在"重读写、轻听说"的倾向,因此如果让学生阅读英语文章或用英语进行写作,他们普遍能够接受。但如果要求他们参加英语口语交际,则大部分学生会表现出不自信、心虚、紧张甚至焦虑的状态。具体来说,一些发音不好的学生由于担心遭耻笑而拒绝开口,一些英语程度较差的学生则往往担心出现错误并因此受到老师批评,即使是一些英语程度较好且有能力进行口语表达的学生也表现出一定的畏难情绪。值得注意的是,一旦学生对英语口语形成了心理障碍,他们往往会排斥练习,继而厌学情绪越来越高,学习效果越来越差,恶性循环由此产生。

(三)语音不标准

灌输式英语教学方式在我国很多中学都普遍存在。因此,学生对英语的印象多停留于书本形式,听得少,说得更少,很多学生都表现出语音不准、语调生硬、

表达不清的问题。特别是在大学阶段，学生来自全国各个地方，他们或多或少都带有一些口音，每名学生的语言接受能力与英语基础都各不相同，这使他们本来就不够扎实的英语语音、语调的学习面临着更大的压力。

（四）表达不规范

很多学生鼓起勇气进行英语口语的表达时，不可避免地会表现出用词不准确、句法不规范的情况。例如：

The reason for the car accident is not clear.

这次车祸起因不明。

根据英语的表达习惯，当描述主观原因时应使用 reason，当描述客观原因时应使用 cause，应修改为：

The cause for the car accident is not clear.

又例如：

My father loves to lose temper recently.

我爸爸最近爱发火。

本例中，学生在表达"爱发火"中的"爱"时使用了 love，这明显违背了 love 的本义，应修改为：

My father is inclined to lose temper recently.

第二节 英语口语教学模式与方法的发展

一、基于模块教学的大学英语口语教学模式

英语口语作为一种语言或语用技巧，能够通过英语来传达信息和表达感情。这是英语教学中必不可少的一部分，也是英语教学中的一个重要内容。《大学英语课程教学要求》明确指出，英语教学旨在从"培养学生的英语综合应用能力，特别是听说能力，使他们在今后学习、工作和社会交往中能用英语有效地进行交际，同时增强其自主学习能力，提高综合文化素养，以适应我国社会发展和国际交流的需要"这一点可以看出，新的教学大纲强调了口语教学的重要性，并把它

融入到了考试和评估系统中。

但是，在以往的英语教学中，老师和学生仅仅关注于语言知识的运用，忽视了口语的交流，因此，口语教学一直被边缘化。同时，在各级、各种等级的考试中，由于缺少有效的语言测试手段，重读、写轻听、说的现象并没有从根本上得到改变。如何改变目前的口语教学状况，是当前高校英语教育急需解决的问题。

解决上述问题可以从模块教学法入手，模块教学法在口语教学中的应用及步骤：

模块1：鹦鹉学舌勤于模仿。

模仿是一种很好的口语学习的方式。不论学习的技巧有多高超，基础练习都是不可或缺的。英语有哪些基本技能？第一点，就是发音。发音要精确，发音不仅是模仿，而且要正确地模仿。在课堂上，老师要做好示范，让孩子们不断地模仿，或让学生一边听 mp3，一边模仿，这是一种很好的学习方式，通过反复的跟读和模仿，将自己的声音录制下来，通过播放和对比，发现自己的发音有问题，并加以改正。第二，背诵单词、短语、句型。第三，背诵对话、范文、经典句子、短文。第四，抄写默写，这也是很不错的办法。

模块2：值日报告 Class Report.

值日报告又叫 Duty Report。事先安排作业，提供充分的准备时间，最好是小组活动，每位同学必须参加一次。如对话表演、天气报告、故事、新闻报道、诗歌朗诵、演讲等。要求学生在上课之前要认真地做好充分的准备，以便提高他们的英语口语能力。

模块3：问答 Read and Think。

充分挖掘教材，难易适度，让学生有话可说。模块设计非常科学有效，要求学生用英语问答。比如 passage 后面有 Read and Think 模块就是给学生问答设计的，Answer the following questions according to the passage 难度不大，答案都可以从课文里面找到。

模块4：情景对话 Situational Dialogues

大学英语教材中有许多话题：Shopping, Making invitations, Making appointments, Making telephone calls, Seeing the doctor, Talking about the weather 等。如果学生在学了一个话题以后，模仿所学对话再自编情景会话，效果一定会更好。

模块 5：角色扮演（Role Play）

例如：speak and communicate, Imagine a woman is calling Mrs.Sato, but she is not in. You are answering the phone. Play your role according to the clues given in brackets.

模块 6：复述 Retell

复述可以独立进行，也可以进行小组学习。同时，应该允许基础差的学生打草稿，做一些准备，然后进行口头复述。更重要的是，学生组词造句的能力得到强化。例如在学 Handling a Dialogue 模块时，可以要求学生说出段落大意。在学习 The Most Unforgettable Character I've Met 这篇课文之后，在黑板上写出和该课文有关的关键词、短语和问题，要求学生根据自己的能力，或者说出其中心思想，或者复述课文。给出的问题如下。

Suppose you are Bill Gates, please say something about yourself.

What was the author's first impression of his new teacher？

模块 7：小组讨论 Study in groups.

首先，将同学们分为几个小组，老师事先列出了讨论的范围和内容，并提出与所学内容相关的主题，接着让同学们分组，并在纸上写出自己的想法，最后，让每位同学都能用英语来表达自己的观点。

模块 8：英语角 English corner.

我们可以通过 English corner 使学生开口说英语。学生在真实的语言环境里学以致用，和课堂上的感受截然不同，与他人进行面对面交流会更加真实有效。

模块 9：多媒体教学 Multimedia Teaching.

网络、电脑等现代化多媒体设备，有利于培养英语听说能力。

模块 10：口语活动 Oral Activity.

英语口语活动的形式很多，例如英语晚会、英语演讲比赛、英语朗诵、口语课、外籍教师做报告、英语角、英语故事会、英语单词拼写比赛等等。

学生在接受知识方面存在着差异，同一班级的学生水平也存在着差异。实践单元的教学模式要根据不同的学生特点，灵活应用。模块化教学的基本原则是：老师要引导学生主动开口讲英语，培养学生的学习兴趣和胆量；其次，要以单词、短语、问题等形式进行提示和指导，激发他们用英语进行交流的积极性；第三，在课堂之前，老师要预先设定适当的主题，精心安排教学流程与环节，让学生在熟悉材料的基础上做好充分的准备，让每个人都能说出自己想说的话。总之，只要同学们能讲得出口，愿意在课堂上锻炼口语，有话要说，这就是一个巨大的进步。因此，老师要及时、充分地表扬和鼓励主动开口讲英语的学生，并使他们的英语能力得到进一步的改善。

二、大学英语口语教学中交互式教学模式

随着"全球化"的不断发展，国际交流的不断深入，大学生英语技能的培养，特别是英语的应用，越来越受到人们的重视。如何加强大学生的听、说、读、写等能力，是目前大学英语教学中最重要的一个环节。但是，目前的高校英语口语教学多是一种单纯的知识传授，学生在课堂上没有得到很好的实践锻炼，很难提高口语的实际运用能力。所以，在教学中引入新的教学方式，改革传统的教学方式，提高学生的英语口语能力，是提高教学效果的必由之路。

在我们国家，有很多学生从小学起就开始学英语，但是到了硕士、博士阶段，他们的口语能力仍然没有很大的提升。近年来，我国高校英语口语课得到了广泛的关注，但其费时低效的现象依然存在。随着社会的快速发展，和国际接轨的日益紧密，学生进行口头交流的需求也越来越大。互动英语口语教学法是一种非常有意义的教学方式，它可以被广泛地应用。

在当前的形势下，大部分大学英语口语课的教学效果并不理想。有些大学的英语口语课仅为英语专业的学生所开设，而非英语专业的学生则仅限于听、说、读、写四个方面的学习与培训。尤其是在应试教育背景下，英语学习更加重视听、读、写，"哑巴英语"的现象时有发生。从当前大学英语的听说教学现状来看，大部分高校都是以听力为主，而忽视口语；强调了教师的领导地位，忽视了学生的积极参与。大部分英语老师都认为，当前的英语测试中，只注重听、写、读的能力，而不重视说的能力。

针对当前的大学英语口语教学中存在的上述问题，分析其形成的原因，主要有以下几个方面。

一是缺乏语言环境。当前高校开展英语教学，主要是在汉语的环境下进行的，每周只有很少几节英语课的训练时间，学生在其他时间接触英语的机会是十分有

限的。而在日常教学中，英语口语交流也是在假定的环境下进行的。

二是受传统教学方法的影响。在传统的英语教学模式中，老师们在进行英语授课时，主要采用汉语来教学，学习英语的手段主要是"翻译"，几乎省略了口语教学。

三是部分大学英语教师的口语能力有待提高。目前，一些大学英语教师口语能力不足，导致英语教师在日常教学中不能正确地用英语进行授课，有时甚至会出现发音错误等问题，使学生受到不好的影响。

四是学生人数多。我国高校班级人员的编制在30~40人之间，而且很多高校都是"大课"教学，每一节英语课几乎都达到60~120人，学生很少有机会参加讨论和发言，也很难组织开展口语练习。

（一）交互式教学模式的理论依据

在1908年，德国社会学家齐美尔率先在其所著的《社会学》中使用"交互"一词，交互是一种最基本、最普遍的日常生活现象。

交互式教学是在教学中充分发挥教师的主动性和积极性，使师生在同一教学目的下相互交流、相互促进的教学活动。

教师的教学行为表现出平等、民主化、互补性、全员参与等特征。我们要把教育与教学活动视为一种互动的行为，把教学过程视为一种动态的、教与学的有机结合的互动关系。

互动教学是以主体间性理论为哲学依据的。在主体间性的指导下，师生、生生、群体之间都有互动的主体性。教学已从单一的教师讲授变成了多种主体的活动，并鼓励各种主体之间的交流和协作，以促进自身的发展。同时，建构主义心理学也对互动教学模式产生了启示与引导。建构主义认为，知识并非由老师传授，而是学生在特定的环境下，由人与人的对话等合作来完成。个人主体性是建构的决定性因素。在教学中，教师要从知识的灌输，转变为对知识的建构，使他们体验和掌握知识。在此基础上形成的交互式教学模式，充分尊重学习者的主体性，注重其交际能力的培养，倡导师生、生生、团体之间的交流、启发、学习和促进，形成一种比较稳固的教学活动，促进了学生的知识的形成和积累。

在交互式教学中，英语口语教学的目的已经从单纯的培养学生的语法和语言技能，转向了以交际为核心的交际能力，并通过大量的实际应用来实现信息的传递。英语教师已由单纯的传授知识,转变为技能的传递者,使学生认识到英语的重要作用,主动为学生创造语言练习的机会,并通过分析、类比等手段使学生熟练地运用语言。

(二)交互式教学模式在口语教学中的具体运用

口语与书面语是相对的,包含听说两个方面,口语又分为主动口语(active oral speech)和被动口语(passive oral speech),"说"是比较主动的口语,"听"是比较被动的口语。口语是人与人之间需要面对面的口头表达的语言,是人们使用最频繁的交际工具,在实际的交际活动中,口语占有极大的比例。

交互式英语口语教学具有如下特点:第一,即时性。在交互式口语中,每个段落都不能预先做好充分的准备,往往是一边想一边说;二是互动。说话人和听话人之间会有一些暗示和补充;三是情境。谈话必须由情境来掌控,若无情境的操控,即使是同一主题、同一内容,亦会呈现不同的表现形式。

目前,在校生非英语专业英语口语存在很多不足,英语学习者整体英语口语能力较差。这主要表现在:一是部分学生英语基础较差,词汇、文法不扎实,发音不规范,影响了口语水平。二是一些学生受其母语思维的影响,习惯于用汉语进行思考,然后将其译为英文,因此所说的句型为中国式英语,与英语的语言习惯不符。三是有一些学生由于对自己的口语能力不够自信而不好意思开口,英语口语在毕业前也没有得到改善。然而,大部分的学生都认识到了英语的重要意义,并且希望能够更好地提升自己的英语口语能力,并且乐于参加英语教学。

互动教学法主要有三种方法:课堂活动法、小组活动法和个人活动法。根据当前大学生英语口语的实际情况,将上述三种教学手段结合起来,力求为学生提供有效的口语培训机会。

在英语口语教学中,课堂活动是一种非常有效的教学方式。它要求教师在教学中的教学难易程度要与学生的整体语言能力相适应,要使活动的形式多种多样,使学生能够充分地融入英语的"听、说"的世界里。在日常口语教学中,我们运用了许多英语游戏,这些游戏既与课堂主题有关,也具有趣味性和趣味性,寓教于乐。例如,英语教学前的预备阶段,利用英语绕口令的游戏,使其热身,为下一节话题的讨论做好心理准备;在复习英语词汇时,请一位同学背对着黑板猜词,然后由全班同学轮流用英语讲解,让死记硬背的字更生动、更有趣;在练习口语时，请同学们做一组接龙活动。英语游戏生动活泼，给学生们带来了一种轻松、愉悦的气氛。

相对于课堂教学，小组活动教学为学生提供了更加轻松的口语训练环境，减少了部分学生因恐惧而产生的心理压力。另外，团队沟通的机会比班级的沟通要多得多，这样可以加快学习的速度和效率；同时，小组成员之间的协作与探讨，也有利于他们进行头脑风暴，相互促进。在英语口语教学中，小组活动是最常见的一种方式。根据不同的分组形式，把班级分为四到六个人。同学们分组完成后，让同学们讨论英文名称，并举出一位代表，收集同学们的观点，用清晰的英文语句将这个名字的意思传达给同学们。另外，每个小组都要提名一位组长，负责小组内的分工，安排小组成员轮流发言，确保机会均等。分组之后，在课堂上，可以安排同学们对课文的相关问题进行研讨，并把自己的研究结果呈现给同学们。例如，在学习"The telecommunications Revolution"一文时，让各组做一份关于科技改变生活的研究报告并在课堂上进行交流。针对课文"Choose to Be Alone on Purpose"，让学生组织一场有关人际关系的戏剧，反映同学、朋友或家庭成员的关系，从冲突的爆发到解决的过程。小组成员互相打分，互相点评，以提高同学的学习能力。在安排小组作业时，要给出一个明确的分数，这样，同学们就可以在口头练习和小组活动上尽量有针对性地进行评估。

与前两种教学方式相比，个人活动规则更注重学生的自主性，重视学生个人水平的差异性，让学习者根据自己的学习情况进行学习。该方法在英语课堂教学中尤其适合引入。本部分主要针对与文本有关、贴近生活的问题，引导学生进行积极的思考。鉴于部分学生的语文基础比较薄弱，口语能力比较弱，可以在一节课前安排问题，让他们在解答过程中遇到困难时查找字典、查阅资料、询问其他同学。每一位同学的回答都会被记录下来，并进行评价，以提醒他们注意到口头活动，并给予有针对性的辅导，以促进他们口语能力的提高。个性化的教学方法让每个学生都有了练习语言能力的机会，也可以考虑到不同水平的同学，这样既可以防止一些问题过于困难而打击了他们的学习热情，又可以帮助优等生激励后进生，促进整体的发展。

1. 教师与学生交互

教师与学生交互分为几个类型。根据教师的行为对象划分，可以将教师与学生交互分为师个交互、师班交互和师组交互；根据师生行为属性划分，可以将教师与学生交互分为控制与服从型交互、控制与反控制交互、磋商型交互。

在大学英语口语教学中师生交互的教学形式主要有以下两种。

一是示范—模仿式。这是以教师活动为主的交互形式。通过提问，使学生集中精神，激发学生的思维，使他们能够主动地思考问题，通过示范发音、示范操作、示范朗读技巧，把信息和技巧传授给学生。模仿就是让学生按照老师所说的去做，让他们学会技巧，掌握要领。在进行语言和语调练习的同时，互动教学也能促进学生的交流和跨文化的形成。比如，在培养学生的交流策略中，通过使用非直接请求的方式，使学生在不认识或遗忘的情况下，用自己的语言进行解释和总结，并通过肢体语言使其理解。例如：

T：My younger brother is very interested in...well...the object...

S：What？

T：It is a kind of object made by people that can fly in the sky.（手势比画大小）

S：Model plane？

T：Oh，no，it can only fly when there's wind，an...you have to use string...so that...（手势比画）

S：Kite？

T：Yes，that's it.

二是提问—回答式。这是教师和学生共同活动的交互教学形式。问答法中，教师根据学生已掌握的知识和经验进行提问，并指导学生如何回答问题。教师在课堂上提问，既能引起学生的关注，又能激发学生对问题的积极思考，促进语言表达能力的发展。当然，问题多了也不一定就好，问问题也不是万能的，而且问得不恰当也会产生消极的效果。比如，有些同学害怕在课堂上被老师问问题，而在口语课中，那些能引起所有同学的思考的问题，就是"提问"的成功。在互动英语教学中，老师往往会用到一系列的问题，这种问题在传统的课堂教学中是很少见的。教师的一系列问题可以让学生有机会去表现，使他们可以很自然地融入上下文，并不会因为突然说英语而觉得不舒服。

师生互动应采用如下策略：第一，设置情境。在预习过程中，教师要设置与教学内容相关联的情境，并依据语境、语义来进行"真实性"的训练，以达到将语言的形态和含义与教学内容相结合的目的，以提高学生的英语听说水平。情景设置有多种方式，如生活情景、语言描述场景、动作演示场景、直观教学场景等。第二，对域外文化背景的把握。交互式口头教学不能与英语国家的风俗习惯相分离。如西方人十分注重个人的隐私，如年龄、婚姻、个人收入等。在教给学生对"Are you married？""How much money you earn every year？"此类问题进行恰当的语法表述时，要注意其背后的文化意蕴，这样才能让学生有礼貌地将任务完成，从而实现与西方社会的和谐交流。第三，感情上的融合。师生互动既是知识的传递，又是情感的传递。在和谐师生关系的过程中，首先，教师要注重师生之间的相互关爱；其次，要重视教育中的民主；最后，通过情感的调动和感染，使学生产生情感上的共鸣。

2. 同学之间交互

同学之间的合作精神可以通过学生不断地交互培养出来，这样就可以帮助学生提高自己的思维能力。

学生互动的方式有：一是学生个人对全班同学的互动，包含了值班报告和发言。值班报告没有限制，你可以把你所读的或者听说的消息和你对某件事情的感觉都告诉大家。老师在课堂上对学生作恰当的评价，并用2~3分钟的时间让学生们进行讨论。这样的方式不仅可以锻炼学生的勇气，也可以极大地增强他们的语言能力。演说与演戏、交谈是不同的，表达的方法也是比较困难的，在演说开始之前，可以让学生有3~5分钟的准备，之后再进行2~3分钟的发言。老师或学生在听完了报告后，可以对讲话者提出一至两个问题。

二是以群体活动为主导的互动方式。小组活动的最大价值就是可以通过对话和讨论来调动学生的口头表达的积极性。在英语口语互动教学中，团队合作是不可或缺的。

每节课要出两人一组的"pair work"和三到五人一组的"group work"等小组活动方式。由于大学里的班级规模较大，学生在课堂上的交流时间很短，机会也很少，这对于外语的学习尤其是口语训练来说是很不利的，所以要充分利用团体活动来弥补目前大班授课的不足。

此外，一些学生在大庭广众下不敢说英语，担心自己说错了话，会被老师和同学们嘲笑，觉得很没面子，而在一个小团体中说英语，则会让他们感到更加自然。团体活动通常是通过完成一项工作来完成。

3. 与教学氛围交互

教师的课堂气氛往往被视为一种"无形的教材",它是由学生的感官感受到的,在不知不觉中影响着他们,从而影响着他们的教学效果。因此,在学生获取知识和提高学习效率的过程中,教师的教育环境是不容忽视的。特别是英语口语课堂,要营造一个轻松、有利于交流的气氛,让学生愿意说、愿意练。如果不能自觉地设计、营造一个良好的学习环境,即便是恰当的教学内容、有效的教学手段、尽职的教师,也难以取得预期的教学效果。

4. 与教学媒体交互

教学媒体是一种媒介,它是一种介于教学和学习之间的媒介,它负责教育信息的承载和传播,促进师生间的信息交流。教学媒体可以分为传统的和现代的两种。

传统教学媒体主要指非放映性视觉媒体,通常包括教科书、图文资料、报刊、插图、表格、图表及黑板、实物、模型、标本等。现代教学媒体为:幻灯、投影、广播、录音、电子音响、电影、电视、多媒体计算机辅助教学系统、语言实验室教学系统、程序教学系统及网络系统等。

通过与教学媒体的互动,教师可以引导学生积极参加多种探究活动,促进学生主动获取知识,并引导学生多层次、多角度地进行思维和判断,从而提高英语学习中情景的真实性。通过画面,纯真的语言,标准的语调,进行最直接的思考与学习。

互动英语口语课堂具有很强的活力,它可以激发学生的学习兴趣,调动他们的学习积极性和主动性,让他们能够实现听、说、读、写能力的进步。在交互式英语口语教学中,学生对待英语口语的情绪态度有了显著的改变,英语学习者对交互式英语教学的态度也得到了肯定,他们在语言知识、策略和语言交际技巧方面也得到了较大的改善。

(三)交互式教学模式在教学实践中的原则

首先,要在师生、学生之间建立起平等、包容的交流关系;虽然老师和学生的年龄、阅历、知识的多少、社会的分工不同,但是在教学活动中,老师和学生之间的关系应该是平等的。老师应该尽量避免以老师的身份说话,要以平等的态度对待学生,从责备变成启发,以鼓励取代处罚,力求创造一个轻松的学习环境。

通过这种方式，使学生能够更好地参与到课堂教学中来，从而使教师和学生之间的相互作用达到最佳的效果。

其次，在英语口语教学中，教师要将更多的时间留给学生，使学生的口头表达能力从"教"转向"学"。毕竟，老师的教学再怎么生动、再怎么深刻，所传达的讯息也是有限的。古人云："讲之功有限，习之功无已。"因此，教师应该从培养学生的学习动机、设计学习任务、组织课堂活动、监督学习进程等方面着手，适时、友好地评价学生的学习状况，使学生在刻苦、扎实的学习中不断地提升自己的口语能力。

另外，要使口语教学更加有效，需要构建更加科学的英语口语教学评估系统。传统的英语教学评估方法以测试学生的语言运用能力为主，忽略了学生的动机、态度、意志、创造力等难以量化的因素。这样的评估方法常常会导致英语基础薄弱的学生在很长一段时间内陷入困境，从而造成自信心和学习动机的丧失，从而影响到他们的学习热情。要根据口语教学的特点，构建一套完整的评估系统。其中，形成性评估是通过测试学生在课堂上的参与度来激励他们积极主动地参加英语口语练习，通过自由交流、游戏、角色扮演、亲身体验等多种形式的口头交流，使他们真正体会到了学习的乐趣，并对他们在英语学习中所付出的努力给予了及时的肯定。终结性评估是在期末考试中使用的，它的目标是测试学生在一定时期内所掌握的口语能力。教师可以在适当的时候，根据学生的学习状况，调整两种评估的权重。有时候，期终测验分数可能会被刻意地减少，以鼓励他们参加口语练习。

交互式教学模式使英语教学的重心由老师教知识转变为学生语言交际能力的培养，这既符合素质教育的需要，也是对"教"这一方式进行改革的一次大胆而又有效的尝试。当然，英语口语的训练是一个长期而艰巨的任务，不可能一蹴而就。高校教师要不断提高自己的教学能力，必须与时俱进，以先进的教育思想武装自己，积极地进行教学方式的变革，及时总结自己的教学经验。

三、构建多模态化的大学英语口语课堂模式

（一）教师角色的转变：从主控者到设计师

构建大学英语口语教学的多模态教学模式，是教师角色转换的必然要求。教

师的角色从控制者向设计者转变，要通过开设相应的教学课程，增强其理论知识和多模态阅读和写作教学的能力，并组织教学观摩、讲座、研讨会等形式，以促进教师间的信息交流，增强教师的教学应变能力。

教师将不受以往模态单一的、老师主导的教学方式的限制，他们要积极运用多种形式的多媒体、网络资源、教学软件，实现多种形式的最优组合，设计出图形、文字、声音、形于一体的口语课，全方位、多层次地激发、感受各种语言素材。同时，要遵循最优分配的原则，充分考虑到学生的个人需要，使他们能正确地把握交际规律，深刻地认识到语言与语言的内在关系，进而提高其口语水平。

（二）学生角色的转变：从被动参与到主动创造

大学英语口语教学的多模态教学模式，需要学习者从被动的参与到积极的创造。教师可以采取团体竞赛、个人奖励等方式，在课堂上创造竞赛氛围，以激发学生的学习热情。同时，教师也要转变以往的单一评估模式，编制一份评估表，把学生的课堂表现记录下来，并将其纳入到期末考核中。

许多丰富、地道的语言素材都可以通过现代多媒体技术为学生提供，还可以通过多种形式向学生展示，使他们能够充分利用自己的多种感官来消化。课堂上的各种活动都要求学生亲身参与，而学生则是"主人公"，他们要充分发挥自己的想象力，积极主动地完成各种有趣而又具有挑战性的任务，从而在课堂上的学习中形成亮点。

（三）教学活动

1. 营造真实语境，激发交际欲望

进行口语教学的时候应该按照语言的形式、语言的内容以及这门语言文化需要的规则把这三种内容形成一个整体。在实际的交流中，教师在向学生进行口语教学的时候应该重视这三个方面的内容，让学生了解语言的文化、这门语言的交际规则，从而让学生避免出现语言空洞、语言形式单一的问题。对日常生活进行观察，我们就能发现，传统的口语教学模式是教师在一对一的单一的环境下进行教学，要想让学生的得到全面的提高就需要教师丰富教学模式，创造丰富的口语教学环境。具体来说，教师可以利用多媒体视频、图片等来对学生的视觉、听觉等感官进行刺激，来完成对学生的信息输入。

举例来说，比如这一节口语课的主题是运动，那么教师可以采用图片展示的方式，对运动的相关知识进行讲解。在进行完这一环节之后，学生就对运动这个方面的知识有了一定了解，那么教师就可以在此基础上，在课堂上让学生成立一个运动协会，让每一位学生都成为运动协会的会长，然后学生之间可以集思广益，思考与计划这个运动协会的运行与发展，然后每个学生对这一运动协会绘画海报，思考如何才能吸引更多的学生来加入这个运动协会，与此同时，每个学生还需要根据自己设计的海报来撰写招募演讲稿，当每个同学准备结束后就可以依次让学生上台演讲，其他同学对其进行投票，最后总结哪位同学的投票多，哪位同学招募的人员多，最多的同学获得奖励。由此，我们可以发现，这样的方式可以把课堂中的教学内容与现实生活联系到一起，这样就可以让学生在日常的课堂学习中学到现实生活中需要的语言交际规则。

通过上述的研究与举例，我们可以深刻地认识到，在进行语言口语教学的过程中，我们把语言知识融入自然的生活当中，可以很好地进行口语语言的教学，学习者可以主动与自觉地学会口语语言交际的规则，而且通过这样的方式，课堂氛围是轻松愉快的，这时就可以减轻学生对口语语言交流的紧张感，从而激发学生学习语言口语的积极性，从而促进学生口语交际能力的进步与提高。

2. 借助影视媒介，发散学生思维

在语言教学的过程中，运用影视多媒体的方式是十分常见的，具体来说就是教师按照教学内容，查找与之相符合的视频资料内容，来对自己的教学进行辅助，来增加学生对语言知识的输入。那么教师如何挑选影视资料呢？其实，教师可以挑选的内容有很多，比如原文的电影、原文的新闻视频，再者可以是某个语言节目的视频截取资料。但是，我们需要注意的是，在运用影视资料进行教学的时候，我们不能只是简单地对视频进行赏析，而是应该在视频赏析之前，给予学生一些任务与问题，让学生在观看视频资料的过程中，思考问题，了解视频当中的人物、故事情节等内容，从而让教师将自己的教学内容引入、展开并进行下去。

教师在实际的操作过程中，可以先让学生观看一段时间视频，这个时间大概是15分钟，另外，教师让学生观看的视频应该是一个没有字幕翻译的资料，并且这个视频资料应该是较为小众的，学生们没有观看过的。当学生观看完视频，对视频当中的人物有了一定的了解之后，教师就可以按照视频当中的人物给学生们进行分配，然后学生之间就可以根据自己所观看视频对视频的理解，对视频资料进行配音与表演，表演时间大约在 10 分钟，每个小组的同学都有表演的机会，在这个表演的过程中，其他同学需要对进行表演的小组进行投票，在表演结束后，教师可以将视频资料的声音进行播放，让学生将自己的表演与原视频进行比较，从而达到教学的目的。通过上述对这个方式的了解，我们可以发现，这个方式可以充分地激发学生的想象力，让课堂氛围变得活泼有趣，从而激发学生学习的积极性，形成良好的教学效果。

通过上述案例，我们可以发现，这样的方式可以让学生的自我效能得到提高，与此同时，学生也不害怕运用语言口语进行表达。

3. 善用图片或实物，辅助口语表达

除了运用上述的两种方式对语言口语进行教学之外，还可以采用图片的方式进行口语的教学，举例来说，当口语教学的主题是风景胜地时，教师可以向学生布置任务，让学生在上课之前搜集家乡风景的照片或视频，将其编辑成一个完整的英语课件，在上课的时候，学生运用英语的方式，向其他学生介绍自己家乡的风景与特色。学生在进行介绍的时候，教师可以对学生的口语表达方式进行指导，对学生进行教学与旅游相关的词汇与句式教学，从而让学生可以更好地运用英语来表达出对自己家乡的介绍内容。运用这个方式，对口语教学有很多的优势，首先，采用这样的方式，可以让学生宣传自己的家乡，有利于学生之间产生很好的情感共鸣，在愉快的学习氛围中学会英语语言口语。除此之外，教师还可以在学生进行讲解的时候对每一学生进行录像，然后在这些的录像当中挑选好的、有代表性的视频，来对学生进行教学与讲解，从而提高学生的口语表达能力。

通过上述的研究我们可以发现，运用图片的方式可以形成多模块之间的协调性，这样可以很好地将社会上交际形式表现出来，从而将多模块的信息的处理能力得到快速的提高与进步。

4. 协调多种模态，渗透文化内涵

在日常生活中，我们发现语言在文化之中，良好的教学手段可以将语言和文化结合起来，不仅可以让学生学习到语言方面的知识，还能让学生体会到文化的内涵，这种良好的教学方式就是多模态的教学方法。比如在进行英语口语教学的时候有很多教师都采用话剧表演的形式进行教学，这样的方式，学生要想将表演顺利地进行下去就需要充分地理解剧中的人物形象，然后再用自己的方式通过英语口语表演出来。通过观察，我们也可以发现运用这样的方式不仅可以对学生文化内涵进行扩充与教学，还会使学生的口语表达能力、表演能力以及语言感染力得到训练与提高。

那么在实际的口语教学中，应该如何运用话剧的形式进行教学呢？下面我们用《哈姆雷特》的话剧表演为例，在实际的教学过程中就是教师将学生分成很多个小组，然后根据片段与剧本的角色给每个学生分配角色。

通过观察我们发现，在实际上课的过程中，教师会将学生分成三个小组，然后每个小组都表演不同的场景与片段。在学生进行表演的时候，我们可以发现学生为了有更好的表演效果会专门使用背景音乐来烘托气氛，还有的学生会为了更好地表现人物运用模仿的方式；除此之外，还有小组会将自己打扮成话剧中人物的模样，来更好地演绎人物。

那么这样的方式，教师应该是如何表现的呢，具体来说，教师一般就是在台下充当观众，不会对学生的表演插手，只有在学生表演结束之后才会对学生的表演进行点评，并且还是采用与学生一起讨论的方式。

通过观察，我们可以发现，学生在进行话剧表演的时候，会通过各种方式将各种资源运用到口语的实践当中。话剧的形式给学生创造出一个十分真实的环境，在这样的语言环境中，学生很容易减少母语对自己的影响，并且这样的方式可以将学生的视觉、听觉、触觉等感官充分调动起来，从而让学生充分地学习语言文化中的内涵，进而提高学生的语言交际的能力。

这种采用话剧的口语教学模式就是多模态的教学模式，但是只有积极的多模态教学模式才能对学生产生积极的正面的作用，消极的多模态的教学模式只能产生很多负面的效应。所以教师在使用这种方式的时候，应该从实际出发，在教学的过程中应多对学生进行观察，从学生的实际出发，对模态的教学内容进行选择，选择出最适合学生的方式，避免出现为了完成教学模态多元化，而忽视了教学内容的现象，让学生无法将注意力专注到内容的学习之中，让冗杂的资料影响教学的进度。

第三节　基于认知语言学的大学英语口语教学的分析

一、认知语言学对英语口语教学的启示

英语作为一门语言，学习的目的就是为了交流，所以进行英语语言学习的时候最主要的还是进行口语训练，提升学生的口语表达能力，但是，对高校的实际教学活动进行观察我们就会发现，教师在进行教学的过程中，总是关注语法方面的知识以及词汇方面的知识，所以学生在词汇与语法方的能力很高，并且英语写作能力也非常强，但他们的口语表达能力却不尽如人意。之所以会出现这一情况，在很大程度上是因为英文学习语言环境的缺乏，学生学得很多，但用得非常少，所以这就会出现学生对外实际的口语交际能力与自己实际掌握的语言文化知识是不匹配与不一致的现象。主要表现就是学生在进行口语交际的时候，语音、语调都是不准确的，同时无法将句子的关键内容表达出来。

对认知语言学进行观察我们就会发现，认知语言学中具有中心成员与边缘成员的差别，那么在实际的英语口语交际的过程中，具体表现在一句话中的很多的单词就是有的重读，有的非重读，单词中的不同字母之间也是存在重读与非重读的。在交际的过程中，我们也可以发现，这些的语音与语调才是口语表达的灵魂，语调之间存在差异，也会让句子的表达存在巨大的差异，在日常生活中我们可以发现，很多的学生都会犯这样的错误，无法准确地把握住句子的重音，从而很难准确地表达出句子的中心意思。那么面对这种情况，教师与学生应该如何应对呢？具体来说，就是教师在进行英语口语教学的时候，应该对句子的中心成员与边缘成员进行介绍与强调，与此同时教师可以给学生做出一个正确的示范。另外，教师还可以让学生对正确的示范进行模仿，并对学生在模仿演示的过程中出现的问题进行及时的纠正。

在认知语言学的观点中，人们只有通过感官才能更好地感受到外部的世界，这种感受世界的方式就形成了意象图式与认知模式。还有一些对认知语言颇有研究的专家学者认为语言不是人们与生俱来就拥有的能力，而是与人们的认知能力存在着十分密切的关系，具体表现就是每个人生活的环境不同，对外界的认知能力与认知方式也就不同，并且是存在着明显差异的。然而语言可以充分地表现出

人们认知方式之间的差异，比如，在与外国人进行交流的时候就会出现，外国人或者是自己感觉听懂了这个单词的意思，但是还是无法真正地理解到这句话的意思，导致无法达到真正有效的沟通。所以，在进行口语语言表达的过程中，最一开始就要先了解到目标语言的文化，了解到这个文化之下语言交流的方式，从而进行无障碍的交流与沟通。那么在进行英语口语语言教学的时候也应该注意给学生传授英语文化内涵，打造一个完善的英语语言环境，从而完善他们的图式结构。

那么在实际的教学过程中，教师应该如何去做呢？具体来说，就是教师可以运用新闻、视频等手段给学生创造出一个完善的英语文化背景，来培养他们的英语认知能力，这种方式不仅可以使教学的目标得以实现，还能很好地将学生的积极性激发起来，从而达到更好的教学效果。

二、认知语言学在英语口语教学中的运用

（一）将认知观念引入英语口语课堂

在英语口语教学中，教师应将认知概念引入英语课堂教学中，借此来揭示基于认知语言学理论的认知网络，从而让学生能够真正体验到中英两种语言虽然是两种不同的语言，但这两种语言都反映了人们对现实的感知，从而让学生能够积极地发现英汉联系，这样一来，学生也能够将学习母语的体验带入英语学习中，从而增加学生学习英语语言的自信心。同时，也能减少学生在学习异国语言时的焦虑情绪。具体来说，将认知概念引入英语口语课堂教学中应以词汇知识的积累作为切入点。

口语表达通常需要有大量的词汇作为基础，而认知语言学的理论为积累词汇提供了有效的途径。根据认知语言学的观点，词汇并不是独立存在的，在词汇之间存在着千丝万缕的联系，不论是哪一种事物，都是属于特定的认知范畴的，在特定的认知范畴内，从原型到边界可将范畴成分分为以下三大层次。

（1）下级类层次。

（2）基本类层次。

（3）上级类层次。

在此仅就基本类层次在实际语言交流中的运用进行具体分析，基本类层次

的词主要是用来指称事物。例如，基本的范畴词 flower，其下义词有 lily，daisy，rose 等。熟悉和丰富下义词能够有效地实现词汇量的扩展，从而使语言表达更加生动，基本词还具备定义其他词的功能。例如：

Bud can be defined as leaf, flower or branch, at the beginning of its growth.

相应地，这些词又可以构成 flowerbed，flowerpot，sunflower 之类的合成词。通常情况下，学生会对这些基本的范畴词比较熟悉，但在实际的口语教学中，教师还应有意识地延伸基本范畴词，引入下义词。这样不仅能够较好地丰富学生的表达能力，而且还能极大地增加学生表达的自信心，也能够更好地鼓励学生积极地运用基本词汇的定义以及构词功能，将已学词汇加以灵活运用，从而建立同母语相类似的词汇网络。

（二）注重培养学生抽象的隐喻认知方式

基于认知语言学的英语教学，不仅应引导学生掌握词汇的基本认知概念，同时还应有意识地引导学生较好地把握基本词汇背后的抽象的隐喻认知方式。这种隐喻思维的培养利于学生更好地透过英语语言的表层形式去体味英语的思维特点以及概念模式。

在口语课堂中，教师可以引入隐喻和转喻这两大概念，这能够较顺利地导入同一概念不同的表达方式，从而利于学生了解不同表达法间的区别和联系。同时，还能够帮助学生了解中英语言在类似概念中的不同。下面以"死亡"这一常见概念为例进行具体分析，该概念不管是在汉语中还是在英语中，都有相似的隐喻和转喻。在英语口语课堂教学中，容易谈及"死亡"这一话题，其在英汉两种语言表达中存在着一些相似之处，在英汉两种语言中关于"死亡"这一概念的隐喻和转喻也存在很多类似。例如，一些基本范畴词如 go out，the last voyage 等。由于这些词的隐喻和转喻作用超越了词汇本身的最基本的含义"出门""最后的旅程"，从而使这些词引申并发展出了一些新的义项"死亡"。这些义项在长时间反复使用的过程中，逐渐演变成了大家日常所使用的词汇，从而慢慢固定下来。在一些情景模拟课堂中，学生们可借助认知概念看到不同语言表达的相似点，而不能过分拘泥于词汇的字面含义，也没有必要强行记忆过多的词汇表达，应借助由母语文化和外来语文化的相似点来进一步明确这些表达的认知基础。这样一来，就能够更好地减少死记硬背的痛苦，不仅能够促使其语言表现力得到极大的丰富，而且还能有效降低学生的学习焦虑。

概念隐喻能够将两个不同的知识域相联系,将某些看似相互间不关联的语言表达形式与其反映的底层概念结构联系起来,进而掌握语言形式背后的那些概念。在具体培养隐喻思维时,对于一些词汇以及表达法不能孤立在语境外,但就事实来看,不管是在真实语境中还是在模拟的语境中学习都是非常费力的,因此我们需要将同意义相关的词汇集起来从而形成词汇场,通过了解词汇库的构成方式和来源了解语义上的联系。这种由表及里的联系将会更有效地激发学生的学习兴趣、培养学生通过对英语学习的个人体验和直觉来观察语言的意义和使用特点的能力,借此来提升他们学习语言知识的意识和能力。

总体来说,在英语口语教学中,如果能够将认知语言学的相关理论较好地同具体的教学实践相结合,并能从学习者的认知角度出发来培养学习者的认知观念,不仅能够较好地培养学生学习语言的主动性,同时对提升教学效果也有着很强的现实意义。

第六章　基于认知语言学的英语阅读教学

认知语言学认为，语言与客观世界之间存在着一个"认知构建层"，通过认知构建人们可以对客观事物有一个概念及概念结构的认识，从而对客观事物进行表述，发展成完整的语言形式。从这一角度来说，认知与人的语言能力间存在着必然联系，而对认知与语言能力有一个清晰的了解，就可以将其理论运用于英语教学中。阅读教学是英语教学的重要层面，认知语言学应用于大学英语阅读教学有助于提高学生的语言理解能力、表达能力及运用能力。本章主要探讨基于认知语言学的英语阅读教学，主要内容包括当前英语阅读教学问题的分析、当前英语阅读教学模式的新发展以及基于认知语言学的英语阅读的分析。

第一节　当前英语阅读教学问题的分析

阅读是人类接受知识与认识世界的重要途径，因此阅读教学在英语教学中有着非常重要的意义。具体来说，通过阅读可以获取更多的信息，同时提升自身的输入能力，进而巩固自己的语言知识。

在英语语言学习中，阅读是最基本的能力之一，在英语学习中占据着重要地位。对于学生来说，阅读是扩大学生词汇量的有效途径，是培养学生语感的恰当方法，同时阅读还可以充实学生自身的知识。因此，阅读技能的培养就成为人们关注的焦点。在这种背景下，详细分析当前英语阅读教学中存在的问题显得十分必要。

近些年，我国的英语教学取得了一定成绩。但是，教学是一个动态发展的过程，在教学中难免会出现一些失误和问题，这在阅读教学中也能体现出来。在当代大学英语阅读教学中，还存在着诸多教学问题，主要体现在教学条件、教师、学生三个方面。

一、阅读教学条件中存在的问题

阅读教学中涉及多重因素，教学条件是重要的因素之一。但是，在当代的大学英语阅读教学过程中，一些具体的教学条件对阅读教学形成了阻碍，具体有如下表现。

（一）教材设计不合理

教材是阅读教学的指导性资料，它对教师的教学内容、教学方向产生一定的影响。但是分析当前我国的英语阅读教材发现其在设计上存在着明显的不合理，整体上也缺乏连续性。具体来说，小学的阅读教材侧重于词汇学习，中学的阅读教材侧重于语法的运用，大学的阅读教材则侧重技能的训练。从表面上看，教材的设计符合层层深入原则，不同阶段其侧重点不一样，也与学生的具体认知情况相符，但是在过渡上还存在明显问题，即前后两个阶段缺乏严密的承接性。

很明显，这是教材脱节的现象，这一现象对于阅读教学效果而言有着不良的影响和阻碍。因此，导致学生很难跟上之前的阅读进度，更不用说阅读能力的提高。

另外，在教材的内容上，入选的篇章及主题往往不具备足够的结构性，选择的人文科学类、社会科学类、自然科学类主题的篇章在量上并不均衡，在深度和广度上也有待提高。这种选择和编写的方式导致教材与学生的实际生活脱节，也很难有效提升学生的阅读学习兴趣。

（二）课程设置不合理

在英语教学过程中，课程设置也存在不合理的情况。这种不合理性主要表现在两个层面：一是教学目标的设置不合理；二是教学计划的缺失。当代的很多高校都没有明确设立阅读教学目标，他们只是将阅读教学视为大学英语教学的一部分，并没有专门开设这门课程。因此，作为英语教学的附属品，阅读教学在时间上缺失，从根本上就很难提升学生的阅读能力。

二、教师阅读教学存在的问题

在英语教学中，教师扮演着指导者的角色。一名好的英语阅读教师对于学生的阅读水平的提高有着积极的意义。但是，在当代大学英语阅读教学中，教师也存在着一些问题。

（一）教学观念偏差

阅读教学的最终目的是使学生学会运用语言。具体来讲，就是从具体的语篇材料中获取有效信息，从而不断提升和培养学生的阅读能力。

在当代的大学英语阅读教学中，教学观念落后是一个很严重的问题。虽然很早时候就开始倡导对大学英语教学进行改革，而且也在实施，但在具体的教学实践中，受传统教学观念的影响，教师仍旧侧重于知识教学，即一味地讲解单词，逐字逐句地分析句子和语篇，最后核对答案。传统教学很显然没有注意到学生是阅读教学的主体，忽视了学生阅读能力的提升。

在英语学习中，阅读技能是非常重要的，阅读能力的培养对学生分析、思考及判断能力的提高有着重要作用。同时，阅读能够激发学生的学习兴趣、开阔视野，提升学生的语言运用能力和人文素养。因此，在当前的大学英语阅读教学中，摆脱陈旧教学观念、接受新的教学思维是促进大学英语阅读教学发展的有效途径。

（二）应试教育倾向

在我国当代的大学英语教学中，应试教育倾向明显。教师在阅读教学过程中过分重视讲解应试技巧，而忽视提升学生的阅读能力。例如，大学英语四、六级考试就有明显的应试倾向，而且这些考试多为笔头考试，尽管对学生产生了一定的正面反拨作用，但是在语言表达上也仅仅是做出判断。更有甚者，只要学生抓住其中的关键词，就可以解决问题，这就使得学生将重心放在对阅读材料粗略的理解上，并不能提升自身的阅读能力。

即使有些教师已经知道了应试教育对学生能力发展可能有害，但是迫于业绩或者升学的压力，教师并未做出任何改变。

（三）教学模式不当

在当代的大学英语阅读教学中，存在三种教学模式问题，这三种教学模式的不完善或不当，导致当前的阅读教学产生了较大问题。

1. 以学习语言的形式处理阅读

以学习语言的形式处理阅读的教学模式认为，阅读课主要是为了学习词汇、语法知识，只要能够理解阅读材料的句子，就能够理解整篇材料。受这种教学模式的影响，教师上阅读课的主要任务是：借助教学参考书和字典，弄清楚整篇的主要脉络、某些重点单词的词义、某些复杂句子即可，不得不说这种方式对学生通过考试非常有效。但是，这一模式也存在明显的缺陷，即教师只侧重对重点词汇、句子的掌握和理解，却没有从整体上教会学生理解语篇，了解整个语篇的意图和结构，这很难启发学生的整体思维和创造性思维。

2. 以语境和功能为侧重处理阅读

以语境和功能为侧重处理阅读的教学模式，虽然强调对语义的理解、知识面与语境特征的掌握，但是忽视了对基础词汇、语法特征的教授和学习，这也就忽视了语言的基本形式。受这种阅读模式的影响，教师往往强调学生阅读语篇的速度，然后对语篇的主题、目的、结构等进行讨论。但是实际上，学生的基本功并不是非常扎实，因此常常会导致学生语言的失误。

3. 精读与泛读关系处理不当

精读和泛读是英语教学中的两大重要课程，在英语学习中占据着重要地位。精读的要求是仔细阅读，要求学生高声朗读、反复背诵，也要求教师讲得细致；而泛读是要求读得多而快，通过读得多来培养学生的语感。然而，现实中却恰恰相反，精读读得过于粗化；而泛读读得过于仔细，这样就造成了在二者的关系处理上不当，直接影响了阅读效果。

三、学生阅读学习存在的问题

随着自主学习的提出和推进，学生在英语学习中的地位越来越重要。但是，学生的阅读学习仍旧存在着一些问题。具体而言，主要表现为如下几点。

（一）有阅读心理障碍

受语法翻译法这一教学方法的影响，教师对词汇、语法过于重视，以至于认为阅读能力与词汇量是画等号的，并认为只要扩大了词汇量，学生的阅读能力就会得到提高。但是，词汇意义具有极强的任意性，词汇的具体含义需要结合具体的语境才能够确定。

因此，单独依靠词义、句义来了解语篇，其难度是非常大的。很多学生在阅读过程中将重心放在词汇、句子上，且习惯一对一进行翻译，即对词语、句子进行翻译之后再理解。受这种心理障碍的影响，学生不仅难以提高自身的翻译速度，也很难把握文章的脉络与结构。

（二）受母语思维影响

由于英汉两个民族的思维方式、风俗习惯等存在明显的差异，两种语言在遣词造句上也明显不同。例如，英语句子中只能包含一个谓语动词，并且动词会受形态变化的影响，并借助于一些连接词，将各个语法成分串联起来，呈现扩展型的"分岔式"结构。汉语可以包含多个动词，且多个动词可以连用或呈现流水形式，按照时间的先后顺序和事例推演的方式，将内容叙述清楚，呈现线型的"排调式"结构。

再如，英语句子往往将重点信息置于次要信息之前，先说事件本身，再介绍事件发生的原因、背景等。如果英语句子中既包含叙事部分，又包含表态部分时，往往将表态部分置于叙事部分之前，即表态部分更为重要。而汉语句子往往将重要信息、关键信息置于最后。在叙述上，汉语句子先说事件产生的背景、原因，然后再介绍事件本身。如果句子中包含叙述部分和表态部分，也会将叙述部分置于句子之前。

如果学生对英汉句子的这些差异没有熟练的把握，那么就很容易受母语思维的影响，也很难分配自己的注意力，从而使自己的阅读速度和效率都很低。

（三）阅读习惯不良

学生的阅读习惯不良也对阅读教学产生了一定的影响。下面介绍几个常见的不良阅读习惯。

1. 慢读加声读

不少学生在阅读时常常用手指指着读，有时候会轻声念出来，或者心中默念，他们认为放慢速度可以更多地了解文章信息，而且理解的程度也更深，但是，事实并非如此。例如，当人们看一篇文章时，快速无声的阅读往往更能抓住文章的中心和信息，慢读加声读反而会阻碍读者对文章的理解，也会产生不良的阅读习惯，这是因为阅读者对自己的言语及非文章语义有过分地依赖性。

2. 过分注意语法

不少学生在阅读时，明明已经弄清楚了文章的含义，但是却对语法进行死扣，非要将每一个句子的语法结构都分解开来分析，这类错误在于学生没有弄清楚语法在语言学习中的作用，忽视学习语法只是语言学习的过程，是为了让学生更好地使用语言，而不是学习的最终目的。

3. 见生词就查字典

当学生遇到与自己水平相当的文章时，如果学生能够按照具体上下文进行推测，那么他们通过阅读是可以完全理解文章含义的。但是事实上，他们不愿意那样做，一遇到生词就立马停下来查字典，生怕出现错误，这实际上是对自己没有信心的表现。如此阅读，往往只会放慢自己的速度，也使得自己对阅读到的信息把握比较零散，最终很难弄懂整篇文章的含义。

4. 边读边译

很多学生在阅读时还习惯用自己的母语进行翻译，即边读边翻译。这种阅读方法除了会影响自己的阅读速度之外，还会让自己进入阅读的误区。英语阅读中包含了英语国家的制度、风俗习惯、价值观念、思维方式、道德标准、宗教信仰等，因此在阅读时需要用英语国家的文化模式来进行思维。否则，学生仅仅依靠母语是很难提升自己的阅读能力和水平的。

（四）背景知识欠缺

在现代大学英语阅读教学中，学生是学习的主体，是影响阅读教学效果的重要因素。因此，学生的问题对于英语阅读教学而言至关重要。其中，背景知识欠缺就是影响比较严重的问题。

学生如果缺乏必要的背景知识，必然会导致阅读困难。所谓背景知识，指的是学生掌握的包含语言知识本身、文化背景知识、已有的各种生活经历等各种知识。丰富的背景知识可以促进学生对阅读材料更好地理解，也能促进阅读能力的提高；反之，背景知识匮乏，就会造成阅读困难。目前来说，我国学生普遍缺乏背景知识储备，对英语国家的地理、风俗、历史等都不甚了解，这对于英语阅读教学而言非常不利。例如：

The eagle always flew on Friday.

该例中，eagle 是美国的国家象征，经常出现在美国钱币上，由此 eagle 在这里的含义是"美国钱币"，据此可以推测这句话的意思是"美国人总是在周五发工资"，如果读者将其理解为"老鹰通常周五都飞来"就大错特错了。可见，学生只有具备了广博的背景知识，才能更好地进行阅读，提高阅读速度，保证阅读的准确性。

第二节 当前英语阅读教学模式的新发展

一、英语阅读教学翻转课堂教学模式

（一）课前知识传递阶段

翻转课堂，在上课之前需要做好很多的准备，具体来说就是教师需要根据教学的内容以及学生的实际情况，将学习的资料制作成一个完整学习短视频，并将这个视频放到网络平台上，让学生自己进行学习。那么让学生在上课之前通过视频进行自主的学习就是翻转课堂的前提，只有先通过视频进行学习才能更好地为下一步的学习做好准备。

1. 自主学习教学视频

自主学习教学视频，就是学生通过对教师放在网络平台的教学视频进行观看，来实现知识的传递。那么这个视频教师是如何制作的呢？对此进行研究我们就会发现，教师是根据具体的教学内容、学生的学习状况进行了解与分析的基础上，选择出最合适的教学内容将其制作成视频。那么教师是如何将视频向学生进行传播的呢？具体来说就是教师将制作完成的视频上传到网盘上，然后再利用二维码生成工具将视频的网盘链接转化成二维码，这样就能更加方便学生对视频进行下载与学习。教师在制作视频的时候需要注意以下几点的内容：第一，视频的时长是制作视频的关键，也是影响学生观看效率的重要因素，所以教师在制作视频的时候，时间不应该太长，视频的时长是根据讲解内容的多少而决定的，一般是在 15 分钟左右，所以这就要求每个视频最主要的就是对一个知识点进行讲解，或者对一个问题进行详细解决，从而避免学习任务的多而复杂，进而提高学生的学习

效率；第二，教师在进行视频制作的时候还应该注意对知识的难度进行把控，太难的知识或者是太简单的知识都不利于学生知识的发展与进步，所以教师要严格按照"最近发展区理论"对学生的知识结构进行教学。除此之外，教师对教学素材的把控还应该与时俱进、紧跟时代的潮流，但是需要注意的是，教师的资料大多是从网络上进行筛选的，所以教师还要注意视频内容的真实性与多样性；第三，教学视频还应该能够激发学生的学习兴趣，所以教学视频应该具有一定的趣味性，趣味性的视频可以更好地调动学生，促进学生进行思考，让学生对将要新学的课程充满期望，从而更愿意去进行积极的探索与研究；第四，教师在制作视频的时候为了能让学生理解，可以给视频加上英文的字幕翻译，让学生更好地理解视频当中的内容。

在课前进行教学的视频内容应该是重点词汇、短语、句子以及这篇所阅读的文章的主题，那么学生进行阅读的步骤应该是什么呢？第一步，学生需要对文章中重点的短语进行整理与学习，扫清阅读的障碍；第二步，学生在扫清阅读障碍的基础上，在阅读文章的时候先了解文章的脉络，了解文章的大意，充分了解文章的主题思想，明白这篇文章所讲的内容；第三步，也就是最后一步，学生学会对文章的内容进行略读、跳读与扫读，然后分析文章的结构与句式。那么要想略读就需要通过关键词来实现，不同的文章所找出的关键词也不同。对于叙事的文章，我们就可以去找 then，first，that day，when 等暗指时间的词语，来了解文章的脉络。对于议论性文章学生可以根据作者的观点来进行文章的快速阅读。学生运用这样的方式可以培养学生批判性的阅读能力，可以增加学生自己的想法。因此教师选用的文章应该是难度适中的，并且学生可以能够完成的，只有这样的文章才能让学生在学习的过程中边学、边悟达到消化知识的目的。

2. 完成课前学习任务

教师在上传完教学视频后可以适当地给学生一些教学任务，这样不仅可以对学生对视频内容的理解程度进行考察，还能让学生对课堂上的内容进行内化与理解。那么教师应该设置一些什么样的内容来检验学生的学习情况呢？具体来说，教师可以根据视频的目标、视频的内容对学生设置一些简答题，让学生在观看完视频后进行作答，然后让学生把自己所做的答案通过微信群发给老师。老师再根据学生所做的简答的题目的情况，对教学的内容进行设计以及对教学的难度与数量进行控制。对大学的阅读教材进行观察我们就会发现,教材中的每个单元都有相应的主题,所以教师可以根据教材单元的主题来布置一些习题,让学生们可以提前了解到相关文化的主题背景以及相关的词汇。

除此之外,翻转课堂中还要求学生对视频内容进行整理与分析,具体来说就是将视频中的重点与难点知识进行整理,从而让学生有时间对其进行二次消化。在这个阶段,学生之间可以通过社交媒体来对问题进行探讨与解决。另外,学生还可以将没有解决掉的问题记录下来,然后在课堂上询问老师,然后老师对于这个问题进行个性化的帮助与指导,从而顺利地完成教师在课堂上进行的教学任务。

运用视频的方式进行课前教学是一个个性化的学习模式。这个个性化具体体现在以下方面:首先,学生在学习的过程中不受时间以及地点的限制,其次学生还可以根据自己的实际情况对学习的内容进行选择性学习,还可以对自己掌握不好的内容进行重复学习。除此之外,网络上的视频学习还可以让学生对其疑问的内容通过网络平台进行交流与探讨,从而有助于发挥出个人潜能,激发学生学习的兴趣,让学生形成学习是自己的事情的意识,这样不仅可以让学习好的学生产生体验感与满足感,而且还可以让学习不好的学生多次进行学习,从而弥补能力的不足,进而增强自信,提高自己的阅读能力与阅读效果。

(二)课堂知识内化阶段

对建构主义进行学习我们可以发现,建构主义理论认为,人进行学习的过程就是人在一定的条件下与情境下通过协作形成的意义建构的过程。由此我们就可以发现,建构主义强调学习是需要知识与智慧的情境的,换句话说就是知识不是抽象存在的而是存在于生活情境之中的,学习应该是与社会实践结合起来的。这一观点在翻转课堂中就体现得十分明显。具体来说就是体现在翻转课堂是将课堂的内容先让学生自主完成,然后学生就可以根据自己的时间与状态进行学习,这样学生根据自己的节奏进行学习就是实现了个性化学习。在学生对课堂知识有了一定的了解之后教师就可以充分利用课堂的时间,组织与设计更新的教学活动,从而提高课堂的教学效率,让学生更有时间将知识得到内化。

二、英语阅读教学情景教学模式

（一）情景教学法在英语阅读教学中的作用

1. 运用情景教学法可以为学生塑造良好的课堂氛围

情景教学法就是教师根据学生学习的情况、需要进行教学的内容以及需要达到的教学目标，来创造一个具体的教学情境，让学生在情境里进行学习，这样可以激发学生学习的积极性与热情，还可以让学生在情境中发现问题并解决问题，提高解决问题的能力，培养创新思维能力。从英语教学这个角度来看，在英语阅读中，我们可以发现创设英语情境，可以让学生在与日常生活息息相关的情境中进行学习，这样可以有效地增加英语阅读的趣味性，激发学生学习英语的趣味性，让学生在不知不觉中参与到课堂的教学活动中，从而提高课堂的教学效率。通过研究发现，英语这门学科是一门语言类的学科，所以需要拥有很强的交际能力，那么进行情境创设就可以让学生身临其境，可以让学生脱离母语的环境，对学生的英语学习产生冲击力，激发学生对英语学习的欲望与积极性。

那么如何才能让学生在情境教学的过程中产生很好的学习效果呢？这就要求学生在外语环境中，运用英语对英语的情境进行模仿训练，从而提高自己对语言的感知能力。那么教师在实际的教学中应该如何操作呢？具体来说就是需要教师在教学的过程中给学生提供一些简单的句子与语境，我们需要注意的是这些句子应该是具有代表性与精炼性的。

在日常生活中，我们可以发现，英语单词拥有一词多义的特点，然而这个特点就给我们学习英语带来了一定的困难，要想很好地解决掉这个问题就需要根据不同的语境来对英语单词的含义进行理解与学习。除此之外，情境教学的学习方式还可以加深学生对英语学习的理解与掌握。教师可以将教学内容作为依据，让学生运用所学的知识来进行语言的交流，这样既可以加深学生对所学知识的理解，还可以提高其对所学知识的兴趣。

2. 弥补英语阅读教学的短板

情景教学法指教师在授课的过程中，以某种情景作为学生的学习背景或环境，引导学生在这种环境下完成学习目标的过程。目前，英语阅读教学仍主要以阅读理解题目的完成和英语文章的语篇理解为主，大多数教师在教学过程中都重视语篇教学，忽视了英语本身的文化价值，反而不利于学生进行全篇内容的理解，这已经成为英语阅读中的短板。而情景教学法强调对学习环境的营造，其中就包括语言文化环境的创设，因此，情景教学法能够弥补英语阅读教学的短板，是值得英语教师尝试和实践的。

3. 提高学生能力的培养

随着时代的进步与发展，人们追求的教育更多的是素质教育，素质教育的具体内容就是对学生进行的教育不仅仅可以让学生学会基础知识，还要让学生提升自己的学习能力。正是这些方面的改变，高校进行的教育也开始从知识的传授向能力的培养进行转变。在具体的课堂当中，素质教育的模式就是将学生作为教学过程中的主体，提倡学生进行自主学习，教师也从教学的主导地位转变到参与的地位，在教学过程中帮助学生开动脑筋、启发思维，提高解决问题的能力。

从英语的本质上来看，我们可以发现，英语就是一种交流的工具，最基本的功能就是进行语言交流。进行英语教学不只是为了应对英语考试，而是要提高运用英语进行英语交际的能力，从而让学生有能力在日常生活中用英语进行交流。由此，我们可以了解到进行英语教学的目的就是可以让学生在生活中能够运用英语，能够使英语成为日常生活中最主要的交流工具。

4. 提高英语教学的有效性

随着英语教学不断深化，阅读教学虽然取得了一定的进步，但始终是英语教学中的难点，这是因为学生的阅读水平上升需要长期的英语单词、语法等知识的积累和不断的练习。从英语教学的整体来看，阅读教学的有效性是比较难提升的，即教师和学生要花费很长的时间，才能获得较小的教学成果。情境本身对学生的学习兴趣、学习态度有影响，并且也影响教学内容的表现形式，这意味着在阅读教学过程中，教师和学生只需花费较少的精力，就能够维持较高的学习热情，并且使教学内容的展示效率更高，这有助于提高教学的有效性，促使阅读教学发展得更快。

除此之外，我们还需要注意的是，进行情境教学时不应该只重视表面的繁华热闹，而且还要注意对学生的阅读能力与理解能力进行提升。在实际的教学过程中，我们发现，有的英语项目适合情境教学，有的就不适合，比如在对英语阅读进行教学的时候，就不是很合适，具体来说进行阅读教学就只是对阅读的环境进行了一定设定，并没有使学生的实际能力得到一定的提高，反而让学生没有心思学习，而且情境教学的方式没有对学生设置更加合理的问题，也没有让学生通过对答的方式提升英语教学的进程。由此，我们就可以了解到，要想运用情景教学的方式就需要充分了解教学的内容，从而根据教学内容设计情境教学的方式，让情境教学在实施过程中不仅能让学生的基础知识得到提升还能让学生的学习能力得到提升。通过上述的研究我们发现，利用问题教学也可以对课堂的进度进行推动，这样的方式就将情境教学模式的不足进行补充，进而提高课堂的教学效率。但是我们需要注意的是对学生问题的设置应该根据学生的实际情况进行设计，从而促进学生能力的逐渐提高与进步。

换言之，情景教学尊重学生的个性思维，鼓励学生创新，提出自己的见解，积极开动脑筋，不断提高学生的创新能力。比如说，我们通过创设一个问题情景，让学生产生疑问，从而主动开动脑筋，围绕问题进行探究。这样学生才能真正有所发展，有所创新，提出独到的见解。在提出问题后，要给学生留有一定的思考时间和空间，让学生在这个有限的时间和空间内不断地探索研究，发现和找寻问题的答案。

（二）情景模式在英语阅读教学中的实践探索

如果想要在英语阅读的教学课堂中进行情景教学，让学生不再是被动学习而是主动学习是需要进行阶段性教学的，对于不同的学生要运用不同的教学方法，只有这样才能更加激发学生学习的积极性，让教学效果达到一个较高的水平。所以在实际的教学过程当中，教师需要根据学生的状况，对情景式教学进行灵活的掌握与选择。

1. 课前 5 分钟演讲情景创设

进行情景模式教学的第一个步骤就是进行课前 5 分钟的演讲情景创设，但是教师需要注意的是这 5 分钟的演讲是需要对学生进行有针对性教学的，而不是对于所有的同学都采用统一的方式。比如，对于大学一年级的学生来说，教师可以安排学习成绩好的，或者是英语发音标准的同学在上课之前将与课堂内容相关的资料进行朗读，教师可以对其要求适当宽松一点，上台演讲的学生可以根据自己的习惯来设计自己独特的演讲模式，通过观察我们发现，这样的方式可以有效地减轻学生上台演讲的紧张感，再比如对于学习成绩不是很好的同学，教师可以对其多花费一些时间，可以让学生将要演讲的内容先给教师讲一遍，然后教师对其发音问题进行纠正，同时教师还需对学生给予鼓励，树立学生的自信心。对于这样的学生教师就可以帮助学生把一些生词或者重点单词提前写在黑板上，在对学生进行提示的同时还能让讲台下面的同学更好地理解演讲的内容。然而，不管是针对成绩好的同学进行的演讲还是针对成绩不好的同学进行的演讲，我们都应该在演讲结束之后，让同学针对演讲的内容进行提问，同时教师也可以对演讲的内容进行评价与鼓励。这样学生的紧张情绪就会逐渐消除，从而让学生的演讲能力与对话能力不断增强。

语言是人们生活当中与人交际不可缺少的工具，所以语言产生于人们的生活当中。但是对于我们来说学习英语这门语言是没有良好的语言生活环境的，所以教师想让学生更好地学习英语语言就需要在教学过程当中创设出一个良好的英语语言环境，让英语语言成为生活当中的一部分，通过这样的方式让学生的阅读以自主的方式逐渐展开。那么教师应该如何为学生创设一个这样的情境呢？具体来说，就是教师应该在生活的点滴中争做英语的示范者，比如在与学生进行对话的过程当中就尽量使用英语，也可以在上课之前给学生讲解一些有趣的英语小故事等等。通过这样的方式让学生长期处于英语的环境当中，长此以往，学生就会将英语阅读与表达内化为一种习惯，从而在不经意之间提高了自己的英语阅读能力与自主学习意愿。

我们换个角度来看，就会发现，教学本身就是发生在生活之中，但是这个过程又高于生活。对教学过程进行观察我们发现，每个学生都会把经历、情感与生活中发生的事情带入到学习之中，并且学习的内容本身也包含很多生活当中的内容。所以运用情景的方式进行教学，教师需要将情景建立在生活之中，而且还要在学生现有的生活与知识储备的基础上创设生活的情景，这样不仅可以让学生更好地吸收教学过程中的生活知识，还能更好地让学生学习到英语基础知识。除此之外，这样的方式拓展了学生英语学习的渠道，不仅可以让学生以更加合理的方式学习英语的知识，还能让学生用现有的知识去探索更多其他的知识，从而激发学生学习英语的积极性，这对学生的想象力与创造力也有所培养，这样不仅提高了教学效率也提高了教学效果。所以，总的来说，对英语阅读的教学，采用情景教学的方式，可以给学生创造出一个良好的英语语言学习环境，可以有效地减少与避免学生对英语学习的排斥与厌烦，从而提高教师的教学水平与教学能力，进而又快又好的完成教学目标。

2. 课文情景模拟再现

情景教学的模式还可以对学生采用情景再现的方式进行教学。具体来说，就是在学生对阅读材料有了一定的了解之后，根据阅读材料的内容将学生分成若干个小组，对阅读的内容进行情景再现。这个情景再现的方式学生不一定要严格按照材料的内容进行表演，而是可以结合自己的实际情况，按照自己的语言进行表达。这样的方式不仅能够让学生对阅读材料加深理解，还能对学生的语言表达能力与语言组织能力得到锻炼与提高。

情景教学法给英语的学习创造了一个十分愉快与轻松的环境，这个环境可以让学生自主地进入到英语的教学活动当中，从而更愿意进行英语阅读的学习，而且长时间地在这样轻松愉快的环境中学习，学生会从心理上对英语的学习产生转变，让他们在轻松愉快的氛围当中获得更多的英语知识，获得更多的收获。除了情景再现的方式之外，还有其他的方式可以为英语的学习创造轻松愉快的环境，比如采用游戏教学，具体的游戏方法有英语接龙等，这样轻松愉快的环境可以有效减少英语学习的枯燥性，从而激发学生对英语学习的兴趣与积极性。学生更愿意参与到英语的教学活动之中，让学生有更多的机会展示自己，从而提高学生对外展示自己的信心，让学生在锻炼英语口语能力同时还能提高自身的英语素质。

在对学生进行英语习题训练的时候，教师应该对习题的内容进行选择，应该选取一些符合生活实际的习题，因为贴近生活的实际，才会更容易理解，学生才不会感到习题的枯燥，从而更愿意进行习题训练。教师在对习题进行讲解的时候也可以采用情景教学的方式，对习题中出现的情景让学生分成小组进行模拟，通过这样的方式，学生可以身临其境参与到表演当中，然后教师再对表演加以引导，这样不仅可以让学生在轻松愉快的氛围中对习题的资料更加了解，还能激发学生学习英语习题的积极性，让学生边玩边学，从而提高学生的学习质量，改善课堂的效果。

3. 组织竞赛活动

如果想在教学过程中使学生之间、教师与学生之间的互动性更强，就需要教师多组织一些有关英语语言的双边竞赛活动。这样的竞赛活动的具体组织方式就是教师将全班的同学分成很多的小组,然后每个小组的成员大概是 5~8 人,划分的方式可以按照学习的状况与男女性别这两个标准进行划分。然后教师把要模仿的内容写在小纸条上,让各个小组的成员对纸条进行抽签,然后每个小组按照抽到的纸条内容进行讨论与研究,时间大概是 3~5 分钟,研究讨论完成后,各个小组的成员上台进行模仿表演。通过观察我们发现这个方式可以让每个学生的英语能力都能得到锻炼,而且采用小组内部讨论的方式可以有效地将小组成员之间的特点进行取长补短,让有长处的同学有机会发挥自己的长处,让有短处的同学有机会将其自己的短处进行弥补。当表演结束之后教师对每个小组的表演状况进行评价,对于表演效果好的小组给予一定的奖励,对于表演效果差的小组给予一定的惩罚,这样小组之间就会形成竞争关系,不仅可以提高英语学习的积极性,还能激发学生英语学习的潜力,提高学生的英语口语表达能力,同时小组之间的竞赛还可以增加学生的集体荣誉感。

4. 利用诗歌,导入情景,启发思维

在实际的教学过程中,对学生进行观察我们就会发现,有很多的高校学生在课堂上是不愿意思考的或者思维太过闭塞,无法产生创新的想法。那么面对这样的学生教师应该如何去处理呢?如果采用传统的提问方法肯定不行,是不利于学生发散思维的,也达不到良好的教学效果。那么情景教学也是一个很好的选择,但是教师需要注意的是,在进行情景教学时要对学生进行良好的引导,促进学生进行积极的思考。具体的引导方式就是教师在对学生进行提问之前,可以给学生创造一个情景,让学生进入到这个情景之中,比如,教师可以给学生运用多媒体的形式,给学生播放与阅读内容相关的诗歌,将学生带入其中,然后学生结合自身的经验与知识基础进行思考,对教师的问题进行回答。这样的方式不仅可以激发学生的思维,还能培养学生文学欣赏能力。

5. 利用游戏情景,回顾阅读内容

对于当前英语教学的方式进行研究我们发现,目前英语阅读的教学还是采用原来传统的词汇游戏方式,这是不完善的,或者说力度是不够的,所以有学者提出在对英语阅读的材料进行分析的时候可以让学生进行抢答,也就是学生根据课堂内容,根据教师提出的问题对相关内容进行回答。这样游戏的方式不仅可以让学生巩固自己所学的知识,教师还可以对学生知识的掌握情况进行了解与评估。

6. 利用分组讨论情景，发挥学生主体作用

除了以上几种教学方式之外，还有分组讨论的形式，分组的形式一般有两种，第一是分成大组，第二是分成小组，小组的人数大概是4~5人。大组的任务主要是将角色进行分配或者去玩大型游戏，小组的主要任务就是对问题进行讨论与研究。但是我们需要注意的是小组之间进行讨论与研究的时候需要使用英语交流，只有这样才能对学生的英语学习产生一定的帮助。只有不断地创设良好的英语语言环境才能让学生在英语语言的压力下不断操练英语，让学生的英语有一定的提高。对于高校的英语阅读来说，阅读材料都比较长，这时教师就可以将学生分成4~5人的小组，然后小组之内对文章进行分析与研究，从而更好更精细地分析出文章的内容。

（三）情景模式在大学英语阅读教学中的实践重点

1. 情景模拟要求必须明确

在实际的英语阅读教学的过程中，要想让情景教学的这个模式顺利进行就需要教师将情景教学中的所有内容环节向学生讲解明白与清楚。让每一个同学都明白与清楚每个环节需要做的任务。那么教师应该如何才能给学生讲解明白呢？具体来说，就是教师需要在讲解的时候速度要稍微慢一些，甚至可以多重复几遍，也可以对那些英语听力不太好的同学进行提问，判断他们是不是已经真正明白教师所讲的要求与环节。当教师所表达的内容过于难时，教师可以对自己所表达的内容进行翻译，这样学生就能十分清楚明白与了解教师所布置的任务与环节。从而更愿意配合老师，为下一个环节做准备。

2. 情景模拟语言必须简单、易懂

在进行情景教学的过程中，教师应该注意对学生所说的应该是较为简单与容易明白的词汇与句式，最主要的还是要根据学生的实际情况来决定单词的难度。当教师所说的词汇与句式比较难，学生无法听懂时，教师应该及时调整，采用另一种方式来对学生进行讲解，直到大部分的学生都可以听懂，因为只有学生听懂了才能有信心去思考问题并且去回答问题，从而对英语的学习更加有信心。

3. 情景模拟过程中以鼓励为主

除了以上两点需要注意的之外，在情景教学的过程中，教师还应该给予学生一定的鼓励，培养学生学习英语的自信心。对实际的教学过程进行观察我们发现，

有些学生会因为学习差，而产生自卑的心理，在情景教学的过程中，不愿意表达自己的想法与情感，或者是想表达但是会因为能力不够等因素，无法准确地表达出自己的思想，这时教师就可以给予这类学生一些引导与鼓励，对于他们表达的一些内容要仔细倾听与研究，当他们有一定的进步与改变的时候，教师应该及时对学生进行鼓励与赞赏，从而激发学生语言表达的积极性。

三、英语阅读教学支架教学模式

（一）"支架式"教学模式的相关概述

对"支架式"教学模式进行探索与研究我们发现，这个教学模式是以建构主义的理论为基础的，认为学习是在一定的条件下或者一定的环境下才能进行的，才能获取知识的。从英文内涵的这个角度来看，支架式的教学模式被称为是脚手架，然而这个脚手架的搭建是要以学生为主的，教师需要对学生进行适当的引导与帮助，学生才能更好地将知识框架进行构建完成。从作用与意义这个角度来看，我们可以发现运用这个教学模式，其中一个最主要的作用就是可以激发学生学习英语的积极性，让学生更加主动地去进行语言学习；另一方面的作用就是这种教学方式与传统的教学方式是有所不同的，可以很好地弥补传统教学方式的不足，强调了教师对学生的引导作用，在一定程度上提高了学生学习的效率。但是支架式的教学模式虽然是强调学生的主体作用但是也并没有完全忽略教师的指导作用，只有教师在学生实际情况的基础上对学生进行引导才能达到良好的教学效果。

（二）"支架式"教学模式在大学英语阅读教学中的运用

1. 备课阶段

教师在进行英语阅读教学的时候，在正式教学之前还有教师的备课阶段，具体来说就是教师根据教学的内容以及学生的实际情况对学生提问题，为学生布置任务，从而让学生对于英语学习的内容有一个大致的了解与预习。与此同时，教师可以根据学生对这些问题的反馈，来了解学生实际的学习状态。从而能够更加贴合实际地对学生进行教学与对学生的知识建构进行指导，推动学生英语阅读的学习。

对问题进行支架建设，最主要的就是根据教学内容中的英语阅读资料来对学生进行发散性的提问。这些问题的设置应该是有趣的，贴合学生实际的。只有这样，学生才能更加愿意并积极地参与到课堂的活动当中，从而在解决问题中获得知识。对于一词多义的问题，可以结合语境来进行分析研究并区分开来。

2. 英语阅读教学阶段

学生在经历了上述的准备与预习阶段之后，学生会更加容易对英语阅读的内容进行理解与掌握，但是要想将这个教学方法顺利地进行下去，就需要对教师有一个较高的要求，需要教师根据学生的实际情况对教学的内容与教学的方法进行调整，从而适合学生的实际情况。在课堂上对学生进行提问可以增加与学生进行交流的机会，增加了学生表达自己想法的机会，教师可以对学生的情况进行了解与掌握。如果学生的学习效果好那么教师就可以多给学生提出一些问题，给学生更多的思考机会，培养学生形成良好的思维能力与思考能力，如果学生的学习效果不好，教师应该及时寻找原因，改变教学方式，让学生以更合适的方式学会英语阅读。由此，我们可以发现，"支架式"教学这种新型的教学模式可以快速提高学生学习的效率，可以培养学生独立思考的能力。

（三）"支架式"教学在阅读教学中实施的步骤

1. 目标支架

教师应通过分析学习需求、分析学习者、分析学习内容，帮助学习者确定学习目标，并以此为依据为学习者搭建支架。即教师应在每个单元、每节课的教学之前，准确地帮助不同学习程度的学习者定位学习目标以及教学的重点、难点，能够在教学中通过搭建学习"支架"的方式分解重点、难点，帮助学习者在有限的时间理解知识、内化知识直至运用知识。

教学好比旅游，在出发的时候就应该知道目的地是哪里，这样才有前进的方向、努力的目标。教师作为有丰富的学科专业知识和教育理论的长者，能较全面地、恰当地为学生指明前进的方向。要使学生真正成为学习的主人，掌握学习的主动权，就必须让他们知道这堂课的教学目标。所以在阅读课的开始，教师应该精心设计课堂提问，使课堂节奏有张有弛，教学有输入有输出，才能大大地激发学生的阅读热情，培养学生独立思考的兴趣和习惯。提问要注意问题的有效性，换句话说就是提出的问题要有教学价值，并适当控制难度，巧设坡度，以激活学生思维、提高教学质量为根本目的。

当然，教师所预设的目标并非一成不变、不可更改，随着教学过程的进展，学生可能会有新的问题、疑惑或要求、建议，教师也可能会尝试新的想法。所以，目标支架应是一个动态的"支架"，教师对目标支架的适时调整会使目标支架趋于完善，从而为学生提供更好的辅助架梯。

2. 文化支架

文化支架的搭建目的是使学生掌握阅读文章的文化背景和相关人文环境。在英语阅读教学中，课文基本都是以英美国家的风土人情、风俗习惯和地理人文为基础展开的，如果学生不了解这些相关的背景和文化知识，那么在母语环境的影响下将很难掌握其内容或者会产生偏差。因此，需要教师利用身边的各种渠道来给学生构建一个文化支架，例如讲授中外文化的相关课程时，教师可以先将中国齐白石、徐悲鸿等艺术大师的事迹简述给学生，然后将毕加索的国籍、生活环境和人物性格简介给学生讲述，让学生对课文所提到的知识文化环境有一个大致了解，然后让学生开始阅读，学生能够很快地融入文章中去，然后学生很容易答对针对文化的单选题，但对于文中关于文化的描述，语法词汇及话题，学生在理解上还是困难，所以教师可以第二次进行解释和举例，这样学生们很快就能对题目进行解答了。

3. 动机与情感支架

阅读篇章并不都是贴近学生生活的，尤其在广大偏远地区，由于各方面条件的限制，学习者对文章中的情境也许闻所未闻。因此教师选择与阅读文章话题相关的情境、设置让学习者能够接受的情境，最终能够让学习者理解、学会并将这些知识迁移到新的情境。换言之，情景支架主要是在课堂教学过程中进行的，教师应该在课程中结合阅读文章的内容设定某些情景，促使学生快速融入文章的环境中，以此提升学生对文章的阅读速度和理解能力。

建构主义学习理论认为，学习者主动、积极的学习态度是产生学习的前提。所以，激发学习热情、调动学习动机就是教师为学生搭建的第二个支架。动机对学习的促进作用是许多心理学家的共识，积极的情感也是学习中的一个重要促进因素，而且培养积极健康的情感本身也是学校教育的基本目标之一。在阅读教学中，教师一定要注意培养学生的学习主动性，激发学生的情感，只有这样才会有良性循环。所以教师在阅读教学导入过程中应尽量激发学生的阅读兴趣，尽量让学生把他们的主观能动性发挥出来。我们可以通过借助文章的标题、插图等，通过提问或讨论介绍阅读文章的主题，鼓励学生预测所要阅读的内容，明确阅读任务，讲解必要词汇。还可以就阅读材料向学生提出有关问题让学生思考，引发其阅读兴趣，并鼓励学生去图书馆查阅资料或上网搜索资料，让学生在这类活动中体验合作学习，充分调动他们学习的主动性和积极性。

为了激发学生的情感，教师首先要投入情感：对学生的情感、对学科知识的情感、对教育活动的情感，教师情感的投入在学生周围形成一个强大的情感场域，在这个情感场中沐浴学生的情感。其次，增加教育的审美情趣，美是一种原始的力量，也是一种最无穷的力量，美对情感、性情、人格的感召力是巨大的。

4. 认知结构支架

认知结构支架是指在教师的引导下，学习者通过独立思考，发现问题、分析问题、解决问题，特别是要探索出解决相关问题的方法，以此内化知识，促进学习。教师要让学生通过思考、调查、讨论、交流和合作等方式，学习和使用英语，完成学习任务。协作学习是一种重要的学习方式，体现出学生是学习的主体。协作学习的过程中，学习者发挥各自特长，取长补短，能够解决相当多的问题。通过思考、交流解决的问题，也可以让学习者印象深刻，学有所得。建构主义学习理论非常强调学习者原有的认知结构的作用。有时学生头脑中储存了一些知识，可是不知道在什么场合该提取什么，当需要某一知识时也不知道到哪里去提取，这种学生在独立解决问题时的实际水平和教师指导下解决问题时的潜在发展水平之间的差距称为"最近发展区"。出现以上问题是因为学生的知识没有形成有效的结构，所以帮助学生构建、巩固认知结构，为学生新的学习提供清晰的观念固着点是非常重要的。如在"Reading Cultural Differences"这一课所有的话题讨论后，教师再给出表格，让学生对这节课有一个总结性的认识，从而帮助学生提高学习能力。

5. 评价支架

评价也是英语教学中一个重要部分。英语教学需要建立能激励学生学习兴趣和自主学习能力发展的评价体系，该评价体系由形成性评价和终结性评价构成。因此，效果评价应至少包括教师评价、师生评价和学习者互评等，这样才能有利于培养和激发学生学习的积极性和自信心。也就是说，教师应当建立"支架式"教学模式教学评价考评表，这里将评价形式分成两部分，即过程性评价和阶段性评价,过程性评价包括学生自评、互评以及对教师的评价;阶段性评价包括单元检测和期中、期末考试。

通过课堂评价,教师可以判断学生对某个知识的理解和掌握程度,对教学目标的完成程度,从而及时发现教学设计中存在的问题。教师要针对典型问题对学生的课堂评价做出反馈和评价,让学生得到及时的反馈。同时,阶段性评价可以帮助学生查缺补漏,教师要定期检查并督促学生认真对待学习中出现的问题。师生共同参与的评价系统将有利于保障"支架式"教学的顺利开展。

6.认知策略支架

当代教育心理学提出了认知策略这一概念,指人对大脑内部的有意识的调控。由于有效的认知策略是很难自发生成的,需要从外部输入,所以在建构主义的课堂中,教师对学生的帮助也体现在对认知策略的指导上。认知策略中有一个很重要的成分——反省能力,其影响到学生对整个认知策略的应用,所以对认知策略的指导应注意提高学生的反省能力。

因此,阅读后的活动可以要求学生口头或书面表达阅读体会,或就某一话题联系实际进行小组讨论。在这个用英语积极思维的过程中,学生发展了英语思维的能力和对文章的谋篇布局能力,这些能力不但有利于提高阅读速度,培养良好的阅读习惯,而且有利于学生抓住文章要领,培养学生了解文章组织结构的能力及对篇章的推理能力。我们很多时候让学生通过增加阅读量来提高他们的阅读水平,但如果在阅读中只注意追求篇幅数量,学生泛泛而读之后并没记录下什么,更不用说再花时间巩固消化相关的读后收获的内容,时间一长,大脑一片空白,即使遇到本已读过的内容也是似曾相识或形同陌路。所以在读后的活动中应该特别强调写作的作用:或创造,或改写,或复述,只有这样才能提高学生的反省能力。

第三节 基于认知语言学的英语阅读分析

一、认知语言学对英语阅读教学的启示

阅读认知模式是认知语言学认知阅读、分析阅读的基础。这里所说的"模式",即是对客观事物演变过程与结构关系的反映。基于此,阅读认知模式,就是对阅

读的认知心理进行利用，揭示阅读活动发展过程以及各要素之间的关系。在阅读认知模式中，鲁梅尔哈特提出的"相互作用"阅读模式非常典型，也被称为"交互模式"。

不过，在对"交互模式"进行理解之前，我们应当先对和这一模式相关联的"自上而下模式"以及"自下而上模式"进行了解。

（一）自下而上认知模式

"信息加工模式"就是"自下而上模式"，其诞生于19世纪中期。这种阅读认知理解模式较为传统，是依托信息加工理论阐释阅读认知理解的过程，也是依托文本驱动的认知模式。

自下而上认知模式自低级的基本字母单位起，到高级的词汇、句子乃至语义的加工，概括而言，就是一整个认知加工的过程（从书写符号到文字意义）。

通过上述阐述，不难发现，自下而上模式是有组织、有层次的过程，其起始于解码字母、词汇，结束于理解文本意义。所以，学生想要对整个语篇进行充分理解，就一定要具备相应的语言基础知识（从低级到高级）。这是因为，唯有学生对字母有充分的理解，方能理解词汇；唯有对词汇有准确的理解，方能理解句子；唯有对句子有真正的理解，方能最终懂得段落乃至语篇所言为何。

由此可知，"语篇"本身是自下而上模式最为强调的。人们在阅读理解时，最常见的问题当属"语言问题"，之所以学生无法顺利完成阅读理解，最主要的原因就是其不具备充足的语言知识。在该认知模式的影响下，传统的英语阅读教学认为，应当根据下列结构层层进行——"字母—词汇—句子—段落—篇章"，同时认为，教学应当以"讲授语言知识"作为主要任务。

然而，这种模式存在的缺陷也是十分突出的，在阅读认知理解中，其对信息加工的作用颇为强调，却未能明确信息与信息之间有何作用，仅仅将其限制于线性理解层面，对学生从语篇之外获取的其他信息重视有待提升。

（二）自上而下认知模式

20世纪60年代，诞生了自上而下认知模式，其发展自认知心理学。这一模式指的是，基于自身已掌握的知识，学生加工相关阅读材料。更概括地说，就是学生运用各种认知手段（如检验、预测等），对阅读材料进行理解。自上而下认知模式对"以学生为中心"的原则进行贯彻落实,强调阅读理解受到学生背景知识、学习兴趣的影响。

著名心理学家古德曼在 1967 年提出,将阅读视为一种心理语言学的"猜字游戏"。古德曼认为,学生对自身掌握的知识进行运用,实现对语篇书面符号、语音符号依赖程度的降低。

在具体的阅读过程中,自上而下模式影响下的学生往往会对语篇中的词汇、语法进行预测,进而运用已有知识来解读语篇意义。可见,这是一种学生驱动的认知模式。

此外,古德曼还指出学生在进行阅读时,会不断从字形读音、语法、语义三个层面来进行抽样,其中字形读音往往来自书面符号;语法、语义信息来自学生自身的语言能力。

在进行抽样时,学生不需要对每一个字母都完全看清,除非他能够确定这些词汇、语法、语义与自己之前的预测是契合的。通过抽样,学生预测的信息能够被证实,进而学生就可以进行新的预测。如果学生没有找到相关的意义,也没有出现之前预测的符号,那么就需要对之前的预测予以纠正。

除此之外,这一模式变体很多,不同变体呈现出不同特点。概括而言,我们可以用如下四层面对其进行归纳。

第一,该模式认为,阅读有着选择性和目的性。

第二,该模式认为,阅读这一过程是在文本中对"意义"加以寻找,并基于此展开思考。

第三,该模式认为,阅读有着很强的预见性,学生通过对已有知识进行运用,使之作用于阅读目的,继而预测文本内容。

第四,该模式对阅读中学生已有知识的地位进行强调,认为这一地位应被重视,不可被磨灭。

(三)交互认知模式

著名学者艾斯特霍德和卡雷尔于 20 世纪 80 年代提出了"交互模式"一词。所谓交互模式,是指阅读认知理解的过程实际是学生运用各个层面的信息对文本进行重构的过程。

但是，这一过程具有双向性。也就是说，交互模式将自下而上的模式与自上而下的模式的优势融合为一体。一般而言，交互模式包含如下两个层面的内容。

（1）学生与语篇间进行相互作用。

（2）较高层次技能与较低层次技能间进行相互作用。

对于词汇、语法结构而言，自下而上的认知模式非常重要；而对于文本理解来说，自上而下的认知模式非常重要。如果将两种模式的精华凸显出来，对于语篇理解和运用大有裨益。可见，在实际的阅读理解过程中，交互认知模式是最实用的。

可以说，交互认知模式是对上述两种认知模式的完善和修正。在阅读过程中，如果只强调自下而上模式，那么学生就很难建立起与文本之间的信息，阅读中也会遭遇困难；如果只强调自上而下模式，即使学生拥有足够的背景知识，也很难了解其词汇与语法。因此，教师可将二者进行有机结合，以此来引导学生在阅读过程中的认知活动。需要特别说明的是，虽然在教学实践也可能会出现以某一模式为主导的情况，但是为有效完成阅读，教师不能忽视另一模式的作用。

二、认知语言学在英语阅读教学中的运用

（一）选择合理的阅读材料

在认知语言学看来，语言输入的过程应当符合如下原则：趣味性、数量性、理解性。英语阅读教学就是一种输入形式，且非常重要，所以，在英语阅读教学开展过程中贯彻落实认知语言学的有关原则，对理想教学成效的取得是大有裨益的。

1. 趣味性

我们都知道，在人们对事物进行认识、对知识进行学习的过程中，兴趣发挥的作用是至关重要的。所以，英语教师在选择英语阅读教学材料时，应当遵照"趣味性"原则。

具体而言，英语教师在对材料进行选择时，应当从学生的语言水平、认知情况出发，让这些阅读材料唤醒学生的兴趣。如此，学生就会更加积极、主动地投入阅读之中，将自己的阅读认知技能充分调动起来，对材料中心思想进行把握，

继而不断实现自身阅读理解能力的提升。

2. 数量性

"数量"是语言的输入前提。其原因在于，阅读材料中囊括的知识是多学科、多层次的。所以，教师在开展阅读教学时，应当对数量性原则进行坚持，这将有助于提升学生认知语言程度。

一定意义上看，学习语言的过程中，需要重复、机械的刺激，所以英语教师应当尽可能地让学生与阅读材料多多接触。具体而言，英语教师应当事先准备充足的阅读材料，实现阅读接触数量的扩大，实现学生语言知识储备的不断丰富，为今后学生开展英语交际提供前提、打好基础、做足准备。

3. 理解性

实现学生语言理解能力的提升，就是英语阅读教学的目的，该能力的发展与形成并非一朝一夕之功，无法一蹴而就，教师必须为此长期付出艰辛努力。在英语阅读教学过程中，阅读材料可谓是重要参考，意义十分重大。

所以，教师在选择阅读材料时，应当瞄准那些有着较强理解性的材料。具体而言，就是要让自己选择的材料尽可能符合学生的语言学习水平与认知特点，既不能难度过高，也不能难度过低，应当选择有着稍稍高于学生整体认知水平的材料，如此，不仅能够对学生挑战兴趣进行激发，也不会磨损学生的学习热情。

（二）设定合理的阅读任务

开展阅读教学，教师必须事先对一定的任务、目标进行设定，如此，方能实现阅读教学效果的真正提升。

认知语言学中的"认知监控理论"指出，学生在阅读过程中，应当由其自身主动监控、调节。然而，有一点应当引起重视，那就是在不同语言阶段，学生把握自身学习情况的能力与水平不同，有时学生难以准确、透彻地了解自身学习情况，此时，教师就要"伸以援手"，将清晰的任务、目标设立给学生。

设定任务之后，学生就能对自己的进度情况有更准确的了解，这对其制订自己的阅读目标也是很有帮助的。当学生完成阅读目标后，就会生成强大信心，阅读的积极性与阅读兴趣也自然而然得到提升。

英语教师应当认识到，阅读过程是循序渐进、层层深入的，应当立足不同阶段，对具体的、有针对性的任务和学习目标进行设置，帮助学生夯实基础，保证自身能力、水平稳步增长。

（三）采取策略教学法

立足认知语言学层面，学生与文本之间彼此作用的过程，就是阅读的过程。因此，阅读的过程有着很强的主观性，学生需要立足自身思维，对文本逻辑进行理解，最终理解整个阅读文本。因此，教师应当注重对学生理解与应用能力的培养，这是至关重要的。

我们都知道，阅读理解的过程，从本质上看，就是进行科学分析的过程，因此，学生应当对一定的阅读技巧进行运用，从而更好地理解阅读材料。在选择阅读策略时，认知语言学的相关理论也有着关键且重要的影响。我们可以从如下三方面对此进行具体分析。

1. 阅读前策略

在认知语言学看来，基于人的认知经验，方能形成人类的语言思维结构。所以，阅读理解的过程中，必然蕴含着学生的经验。所以，教师在开展阅读教学时，要对学生的主观思维能力进行训练。

具体而言，英语教师在学生阅读之前，可以采用如下方式，让阅读文本在学生心中留下基本印象。

（1）对文章背景进行了解。我国与英国相比，无论是文化习俗还是思维方式上，差异都是显著的，所以，在阅读英语阅读材料时，学生应当了解相应的背景知识。所以，在开展阅读教学之前，英语教师应当让学生收集、整理与阅读材料相关的背景文化知识，为阅读做足准备、夯实基础。

（2）对文章内容进行推测。实际上，"阅读"并非是学生一看到阅读材料马上就开始一字一句阅读，其可以对一定的阅读策略加以选择，从而更好地分析阅读材料。英语教师可以在阅读之前对学生进行引导，使之预测阅读内容，具体而言，可以通过讲解阅读材料的首尾句、题目、类型等，让学生大致预测阅读文本的具体内容。

例如，如果题目是 Earthquake，可预测这是一篇科普性文章，里面应该会讲到地震的起因、过程与危害，甚至还会讲到一些在中外历史上比较有名的大地震。如果题目是 Uninvited Visitor，则很可能是一篇记叙文，此时可充分发挥想象，预测故事内容的发展过程。

（3）对相关主观知识进行激活。阅读材料的理解，归根结底建立在学生所具有的认知水平之上，所以，在阅读时，学生要对相关主观知识进行充分调动，如此方能强化其对语篇内容的理解。

因此，教师在教授阅读之前还需要引导学生激活自身的主观图式。例如，在阅读以 Halloween 主题的文章前，应对这一节日的日期、来历、活动等有所了解，必要时还可搜索一些图片与视频资料。

（4）速读教学策略。英语教师可以在阅读开始之前，让学生速读文章，对文章的内容和主题有一个大概了解。除此之外，教师还可以与学生就速读的技巧、方法与学生展开交流。

在阅读过程中，阅读前阶段是重要的准备阶段，师生都应对此足够重视，将阅读准备工作做好、做充分，这是十分重要且必要的。

2. 阅读中策略

在阅读过程中，学生必须对自身的主观能动性进行充分发挥，不断监控并调节自身思维与意识。

在上述监控、调节下，学生能够对阅读材料的本质进行充分认知，将阅读材料中包含的逻辑关系厘清并建立起来，对文章所潜藏的背景知识进行把握，同时还能做到对比分析，将英语与汉语的相同点、不同点寻找出来。

英语教师在开展英语阅读教学时，应当注重培养学生文化背景知识，对学生语篇预测能力进行锻炼，最终实现英语阅读有效性的提升。

3. 阅读后策略

"读完"阅读材料，并非结束了阅读过程，教师与学生都应当认识到，在阅读中，阅读后的评估与监控同样是非常关键的部分。因此教师需要培养和锻炼学生的阅读后策略，具体涉及以下两个方面。

一方面，自我评估。所谓"自我评估"，就是学生科学地评估自己的阅读成绩、阅读偏好、阅读水平，继而对自己的学习进度进行准确把握。

另一方面，自我监控。所谓"自我监控"，就是学生发现自己在阅读方面存在的问题、错误与不足，并给予及时纠正。在学生将一则材料读完后，就要记录、总结文章中不理解或理解不够透彻之处，并在课下询问教师以获得帮助，或者自行查找资料进行研究。

自我监控与自我评估，不仅能实现学生阅读主观能动性的提升，对学生阅读习惯的培养也是很有好处的，通过自我评估与监控，学生能够准确、清晰地掌握自身阅读进度以及阅读水平，继而更加有针对性地、更积极主动地投身于学习之中。

第七章 基于认知语言学的英语写作教学

写作是一个复杂的思维过程，也是我们表达思想的重要方式。因此，写作是英语教学中一项十分重要的内容。大学英语写作教学的有效开展不仅能够提高学生思维和表达的能力，还能促进对外交际活动的顺利开展。本章就来探讨基于认知语言学的英语写作教学，主要分析当前英语写作教学的问题、当前英语写作教学的策略以及基于认知语言学的英语写作。

第一节 当前英语写作教学的问题

大学英语写作教学一直都是我国高校教学系统中的薄弱环节，大学生对于英语写作不仅没有兴趣，而且在一定程度上畏惧这门技能的学习。尽管大学英语写作长期被广大师生视为英语教学的重中之重，无论教师还是学生都投入了大量的时间和精力，但教学的效果仍然不太理想，存在着一些问题。

一、学生写作学习存在的问题

（一）语言质量不过关

立足语言表达层面而言，在写作过程中，学生通常会犯许多语法方面的错误，如句子成分残缺、语序错误、时态/人称/单复数不一致、相近词使用错误、词性使用错误等。

另外，受汉语思维的影响，学生的英语作文中还存在表达啰嗦、中式英语严重的问题。

1.语法错误

常见的语法错误如下所述。

第一，语序错误。例如：

No matter busy, you'd better come here.

My classmates play the basketball were very happy yesterday.

第二，词性使用错误。例如：

I am very luck.

My mother is kindly.

I had a happiness time.

第三，相近词（包括词义、词形相近）区分不开。例如：

The grocer took back the addled butter.

In traditional Chinese films, the image is generally designed to denote something else, some larger meaning.

第四，单复数不一致。例如：

Lucy as well as her sister have been to the Summer Palace.

Statistics are a branch of mathematics.

第五，人称不一致。例如：

When people go to visit some temple, you need to keep silent.

He always tries to do a little better than one's best.

第六，时态不一致。例如：

John went to the park and loses his wallet.

It is raining hard and the children still played in the garden.

第七，句子成分残缺。例如：

The teacher usually follows up with a seminar.

Using this method, have no trouble separating oil from vinegar.

They are determined to take arms and fight their national independence.

2. 表达啰唆

受汉语表达习惯的影响，学生写作时很容易出现表达啰嗦的问题，如 without further delay, disappear from view, end result, red in color, new innovation, my personal opinion, actual fact, visible to the eyes, repeat it again, mental attitude 等。事实上，这些表达都可以用更简洁的方式替换：without delay, disappear, result, red, innovation, my opinion, fact, visible, repeat, attitude.

（二）写作技巧掌握不全面

目前，大学英语写作训练的不全面导致了学生对不同文体文章的写作技巧掌握程度不同。学生鲜有被教师要求开展广泛的、专门的写作练习。更多情况下，教师将一些作文之类的作业布置给学生，然而，显而易见，学生如果想掌握娴熟的写作技巧，这些练习还远远不够。

教师不能因为近几年的考试中总出现论说文，就主要以这类文章练习为主。如果教师只是以考试为导向，未能明确"以学生为中心"，未能在日常教学中着重培养学生的写作兴趣，未能丰富课堂写作方式，未能对学生进行引导，使之积极主动地投入写作技能训练，很可能培养出的学生难以用英语对自身思想进行明确表达。因为这样培养出的学生，仍将自身思维停留在"学习语言"上，就算掌握了论说类文章的写作技巧，也仅仅能将框架写出来，而无法充实文章的思想性与内容性。

（三）肆意套用作文结构

在绝大多数考试中，写作是一道独立的、分值不低的"大题"。为了应付这些考试，很多参考书就列出了各类文章的结构框架，以供学生套用。尽管这样的写作能够注意文章的整体框架以及连贯性，具有一定的积极意义，

然而，教师必须意识到，其缺陷也是很明显的。学生由于欠缺扎实的写作基础，只懂得对格式进行套用，导致其难以真正理解如何恰当使用连接词、如何合理组织安排段落，常常出现错误与问题，如文章虎头蛇尾、段落衔接生硬、连接词误用等。

（四）中式英语现象严重

文化对语言的作用是显而易见的，长期生活在汉语的环境中，使得人们的英语学习会或多或少受到影响。这种影响大部分属于消极的影响，即误导了英语的学习。

最普遍的现象就是英语表达中的"中式英语"的存在。由于受母语词汇的构成和词的含义的影响，他们在找不到合适词的情况下，往往通过已有的汉语和英

语构词感觉来造词，如"手心"译成 hand heart，"空姐"译成 air girl 或 sky girl，甚至在写作中会闹出笑话。例如：

He put all of hope on me.

实际上，我们一看就能懂得，该学生想表达的汉语意思为，"他把所有的希望都寄托在了我身上。"但其表达与英语习惯并不相符，所以，这句话应当修改为：

He places all his hopes on me.

很多中国学生在想要表达"尽管从来不在一起，但是我们相处得非常好"的意思时，会写出这样的句子：

In spite of we never always in together, we get on well with each other.

不难看出，这句话的错误是非常典型的，即对汉语逐字逐词进行翻译，全然不考虑语法、词性、时态等，仅仅将一些词胡乱组在一起，对句子进行拼凑。这句话应当作如下修改：

Though we seldom get together, we get on well with each other.

下面是一篇题为 The Functions of Music in Daily Life 作文的开头一段，反映了完全的英语表达汉语思维，这样的作文中国人可以大致猜出作者的意思，但在英美人看来完全不知所云。

I am fond of listening to music, especially popular music such as Yesterday Once More. I studied the song in the middle school. I always enjoy it. Of course, music not only is melody pleasant.And also I found music treats people important role.For example...

（五）内容细节缺失

通过分析学生作文的内容细节可以看出，实践中，很多学生不具备丰富的知识，有着狭窄的知识面，严重的连生活常识都不知道。

语言学习与其他专业学科不同，学生必须知识面宽广。假如其缺乏实际生活所需的语料，同时也欠缺综合知识，很可能写出肤浅、单薄的作文内容。因此，教师在平时的写作训练中要注意拓宽学生的知识面，学生在课外时间也要多涉猎一些知识，以备不时之需。

二、教师写作教学存在的问题

（一）教学方法不新颖

现代英语写作课堂教学囿于考试以及学时因素，很多教师依旧对"结果教学法"这一传统教学方法进行沿用，也就是将不同类型的范文在课上提供给学生，简单讲解一二后，就直接让学生对范文进行参考与模仿，同时为学生规定时间，要求其完成相应写作任务，而后再对学生完成的结果进行批改、讲评。

显而易见，"写作的结果"是这种教学方法的重心所在，而非写作过程中培养、激发学生写作兴趣，也非学生之间、师生之间的沟通交流。长此以往，学生很可能厌倦写作，写作能力也就得不到提高。因此，在教学过程中，教师要注重师生、生生之间的沟通交流，注意使用灵活的教学方法，培养学生的写作兴趣和写作创造力。

（二）教学目标缺乏系统性

英语写作能力的培养是一个循序渐进的系统性过程，所以其教学目标也应该具有一定的系统性。但现阶段的英语写作教学目标缺乏一定的系统性，主要表现在总体目标与阶段性目标不协调。

（1）总体目标是指针对学生的生理、心理特征，结合写作教学的自身规律，并在英语课程标准中明确规定的总体任务。

（2）阶段性目标是指写作教学依据总体目标制定的一系列的阶段性目标，也就是各年级、各学期的具体要求和目标。

总体目标和阶段性目标是一个有机统一整体，只有两者紧密结合才能保证教学的有效实施，而两者的不协调必然会导致目标难以实现，也会阻碍写作教学的有效开展。但很多时候，我国英语写作教学的阶段性目标总是脱离总体目标而独立实施。

（三）批改方法不科学

在英语写作教学中，教师如何批改学生的作文对学生的写作能力有着直接而重要的影响。但事实上，目前国内大多数英语教师都在使用一种并不科学的批改方法：学生交上作文后，教师批改的重点在于纠正拼写、词汇以及语法等句子水平上的错误，而忽略了对学生写作思维能力的培养。这种批改方法使写作教学成了变相的词汇和语法教学，学生在写作的时候更多地关注词汇、语法的正误，而忽略了段落组织、文章结构等方面的问题。这样就算学生写出一篇没有词汇、语法错误的文章，也不一定是好文章。

三、写作教学条件中存在的问题

（一）缺乏相关教材

目前，我国的英语教材大多是集语音、词汇、语法、听、说、读、写、译于一体的综合性教材，专门针对写作的教材相对较少，加上写作在英语整体教学中大多没有形成一个科学的体系，学生对写作的认识和把握往往不够全面、深刻，写作时也很容易出现这样那样的问题，这对写作学习而言是极为不利的。

（二）教学时间不足

教学时间不足是目前国内英语写作教学的硬伤。因为目前我国的英语写作教学是在英语整体教学之中开展的，教师除了要进行写作教学以外，还要兼顾语音、词汇、语法、听力、口语、阅读、翻译方面的教学，本来就时间不多的几堂课，在被这几项教学内容"瓜分"之后，留给写作教学的时间也就所剩无几了。写作能力的提高需要充足的训练时间，教学时间一旦得不到保证，教学的效果也就可想而知。

（三）教学改革滞后

近年来，尽管很多英语教师对写作教学有了一定的新认识，但要想彻底改变过去落后的教学模式，仍有很长的路要走。例如，学生英语思维能力的多方位、多角度、发散性、创造性、广阔性和深刻性仍然没有得到足够重视和训练。教师在实际授课过程中，也时常为了教写作而教写作，而未能将其与其他技能的教学有机地联系起来，从而使写作教学成为一个孤立的存在，这使写作教学事倍功半。

第二节 当前英语写作教学的策略分析

一、当前英语写作教学原则

英语写作教学的原则源于写作教学实践，反过来又服务于写作教学实践，具有普遍性、抽象性、可操作性。英语教师想要在写作教学过程中取得理想的教学效果，就应该遵循这些教学原则。

（一）综合性原则

写作并不是独立存在的，而是与其他技能相互联系。所以，写作不是单纯地写，而要与其他技能紧密结合，即写作要与听、说、读、译综合在一起，只有这样才能使写作课堂生动有效，才能显著提高学生的写作水平。听、说、读、写、译五项基本技能是相辅相成、相互促进的。通过阅读，学生可以获取信息，可以发现写作中的问题；通过课堂上的讨论，学生可以相互交流写作的意见，逐步完善自己的写作。

（二）主体性原则

在英语写作教学中，首先要明确学生的主体地位，尊重学生的主体性，围绕学生展开教学。只有激发了学生的兴趣，提高了学生的主动性，才能使学生成为学习的主体。使学生成为学习主体的方式有很多种，其中小组讨论就是提高学生主动性的一种有效的方式。

除此之外，对于过程教学法而言，教师是否组织学生进行小组讨论，又是如何组织的，以及怎样反馈学生的作文，都对其是否能够取得成功有着关键影响，教师在小组讨论时既可采用提问的方式，也可采用卷入式，如让学生集体回答，让学生读出黑板上的问题等，还可采用学生互助式。总之，就是要学生参与其中，发挥学习的自主性，进而使学生在活动中提高写作能力。

（三）范例引路原则

对于学生而言，在英语写作时经常会出现两种困难现象：一是有很多话想写却不知道如何写；二是无话可写或只写出皮毛，不能深入表达自己的想法。在写作教学过程中，教师要注意引导学生克服这两个方面的困难，对此可采取的有效方法就是让学生进行大量模仿。

模仿作为英语学习过程中的有效方法之一，同样可以在写作过程中使用。教师可以在给出作文命题的同时为学生提供一些精美的写作范文，学生根据范文来仿写，如此学生逐渐就会写出内容合理、形式地道的英语文章，这是学生学好英语写作的必经之路。

此外，教师也可以在学生完成写作后给出范文，让学生将自己所写的文章与范文进行对比，这有利于他们很快发现自己文章中的错误，找出问题并改正，以快速提高自己的写作水平。需提及的是，教师所提供的范文要在内容、格式、语法、修辞等方面为学生树立模板，从而让他们真正把握一些文章写作中的知识。

（四）循序渐进原则

学生写作水平的提高是一个循序渐进的过程，因此教师在写作教学过程中要根据学生的提高情况来安排教学，遵循循序渐进的原则。对于初级阶段的英语写作训练而言，主要是针对字母、单词和句子方面的练习；对于中高级阶段的英语写作训练而言，应该让学生由易到难进行练习，从句子写作到段落扩展，然后到篇章的构思与练习。教师只有遵循循序渐进的写作原则，才能逐步提高学生的英语写作水平。这里的循序渐进主要包括以下两个方面的含义。

（1）针对英语这门语言本身而言，学生练习写作首先要从写句子开始，然后是段落的写作，最后是语篇。学生良好写作基础的奠定得益于单词、句子的基础写作，然后才能从单词、句子过渡到整个语篇。

我国著名学者卜玉坤曾经针对大学英语写作教学提出了一种教学的具体方案，即"大学英语写作分阶段教学的具体方案"，该方案包括10个阶段：写简单句；写复合句；段落的组成及要点；段落的发展方法；文章的文体类别；文章的结构；写作步骤；写作的书面技术细节与修辞手段；范文分析和题型仿写；独立撰写实践。

（2）针对学生的写作训练活动而言，也必须遵循"由易到难"原则进行。有学者指出，写作训练活动包含如下内容，分别为使用性技能活动和获得性技能活动。

对于获得性技能活动而言，让学生对语言组织方式进行理解是重中之重，具体包括简单写作与抄写。

其一，抄写主要要求学生对即将学习的语言材料内容进行抄写，或模仿这些材料进行重写。抄写活动的关键在于标点符号、拼写规则、语法一致等知识点。其二，简单写作通常要求学生围绕某一个语法点进行各种写作训练活动，其目的在于巩固学生的语法知识点。

对于使用性技能活动而言，让学生对语言进行运用，开展多种交际活动是其重点所在，主要涵盖两种类型，分别为表达性写作与灵活性训练，旨在对学生运用语言的创造性、灵活性进行培养。表达性写作重点在于让学生进行吻合于现实的写作训练，而灵活性训练则重点在于让学生从一定写作要求出发，展开训练，如句型的润色、转换、扩展、合并等。

总而言之，学生难以在短时间内大幅提升自身英语写作能力，而需要经过长时间的学习与训练，需要经历一个由浅入深、由易到难的学习过程。因此，在英语写作教学过程中，英语教师必须高度重视循序渐进原则。

（五）多样性原则

在写作教学的过程中，多样性原则主要体现在以下三个方面。

首先，训练形式的多样性。在写作教学中，教师可以采取的训练形式包括缩写、扩写、改写、情景作文等。

缩写这一训练形式可以按照"关键词—思考—讨论—复述—动笔"的思路进行，通过串联课文中的关键词来写出文章的主题或中心思想。

扩写这一训练形式十分有助于培养学生的想象力，不过前提是教师要确保学生的想象一定要合情合理，在符合原文意思和实际的情况下进行扩写。

改写这一训练形式同样可以有效提高学生的写作能力。改写教材中的各种对话可以帮助学生理解对话内容，把握文章的中心思想。

情景作文这一训练形式可以有效培养学生的综合语言能力，学生通过把自己平时所学的知识点提炼，转化成富有感情色彩的文字语言，可在很大程度上提升自身的英语写作能力。

总之，英语写作训练的形式是多种多样的，教师只有合理安排学生进行写作练习，才能真正提高学生的英语写作水平。

其次，表达手段的多样性。不仅汉语表达手段丰富多样，英语也是如此，我们可以运用多样化的句型对同样含义的内容进行表达。在此，本书简要举例如下。

I got up late this morning.

I had to catch the early bus.

I was late for class.

学生可以利用不同的方式，对上述三个简单句的内容进行表达。

I got up late this morning and had to catch the early bus.

That was why I was late for class.

As I got up late this morning and I had to catch the early bus, 1 was late for class.

I was late for class because I got up late this morning and I had to catch the early bus.

Getting up late this morning and having to catch the early bus, I was late for class.

If I had not got up late this morning and hadn't had to catch the early bus, I would not have been late for class.

从中可以看出，教师想要贯彻落实英语多样性原则，就要对学生写作表达能力的多样性进行训练。当学生掌握了如何运用不同句型结构，对同一含义进行表达后，一方面能够补全自身语言点存在的不足之处，另一方面也能实现自身英语思维的激活，最终能够对语言进行灵活使用。

最后，评价方式的多样性。教师的评价在很大程度上影响着学生英语写作能力的提升，这一作用是非常关键、重要的。在评价学生作文时，教师应当采用鼓励的方式，并将学生应当更正的问题明确指出。教师还应当最大限度实现学生之间互评能力的提升以及学生自评能力的增强。这样，学生就能长时间对英语写作抱有浓厚兴趣，积极主动地投入学习，实现自身英语写作能力的有效提升。

（六）对比性原则

英语语言写作和汉语语篇写作之所以大不相同、各具特色，很大程度上取决于两种语言背后的文化差异。所以，英语教师可以着重对英汉语篇文章结构、遣词造句等方面进行演示、对比与剖析，让学生更加直观地明了英汉语篇之间存在的不同之处，这样，学生在之后写作过程中，有意识地规避自身汉语思维造成的影响，让自己写出的作文与英语表达习惯更相符，与英美文化更契合。

(七)恰当性原则

恰当性原则要求教师在设计写作任务时一定要合理。学者王初明认为,一个好的写作任务至少具备两个方面的特点。

(1)能够激发学生进行写作表达的欲望,使他们有内容可写。

(2)能够最大限度地拓展学生的语言能力,如增加一定的词汇量,把握新的句型等。

实际上,理想的写作任务不仅要贴近学生的实际生活,使他们有话可写,而且还要有利于学生把自己学到的英语语言知识运用到交际活动中去,通过完成写作任务来增加词汇量,学习新句型。据此可知,教师在设计写作任务时要充分考虑学生现有的英语知识水平,多关注学生比较在意的话题以及正在学习的教学内容。

(八)正确对待错误的原则

在英语写作的过程中,学生出现错误的现象是在所难免的。教师对于学生出现错误所采取的态度会直接影响学生对写作的兴趣。在一定程度上可以认为,教师态度的正确与否关系到能否激发学生的写作动机。对此,教师对于学生的写作错误一定要采取正确对待的原则,对于有些错误大可不必一一进行纠正,从而保护学生的兴趣和积极性。

针对语言教学中因凡错必纠而导致学生心理压力大、学习兴趣降低的问题,应用语言学家考德于 20 世纪 60 年代提出了"错误分析"理论。根据不同的标准,错误可以有不同的分类。

(1)error(错误)和 mistake(失误)。前者是一种因未能掌握目的语而导致的有规律的不规范现象,而后者则是因一时大意,未能使用已掌握的目的语而导致的没有规律的不规范现象。在作文批改中,对于 error,学生很难自己发现,需要教师重点批改,而对于 mistake,教师完全可以提示学生自己修改。

(2)局部错误和整体错误。对于学生作文中某些影响较小的错误,如单复数错误、冠词的误用等,纠正时不必长篇大论,点到即可,学生有能力自己纠正。而对于作文结构、逻辑、材料组织等影响交际效果的整体错误,则应重点分析并加以纠正。

（3）个别错误和普遍错误。针对个别学生作文中出现的语法、语用等错误，教师可在批改中先帮助学生分析产生错误的原因，然后予以纠正。针对学生作文中普遍出现的错误，教师可视情况在课堂上进行专门的纠正和讲解。

对错误的分类不止以上三种，这里不再一一列举。需要明白的是，只有认真分析学生所犯错误的类别、性质等，才能找到纠正每种错误的最佳方法，作文批改才能发挥更大的效果。

二、当前英语写作教学方法

（一）过程写作法

1. 过程写作法的含义

过程写作法（process writing approach）是近二十年来教育界与语言学界对英语写作方面进行的探索，是最具影响力的写作教学方法。

作为认知语言学的一个层面，过程写作法在西方的写作教学中很受欢迎，它的灵感来源于交际语言教学。它认为写作的本质实际上是一个心理认知的过程、思维的创作与整合的过程和社会交互的过程，而这些过程是一个循环往复的有机整体。"作者通过写作过程的一系列认知活动、交互活动，提高其认知能力、交互能力和书面表达能力。"[①] 写作并不是单纯的写作，而是与自身、与生活、与社会紧密联系在一起的一项有目的、有计划、有意义的认知过程。

此外，过程写作教学方法还强调，写作学习是一个不断渐进的过程，教学的侧重点应由传统的重视词汇、语法、篇章结构向关注写作内容和写作过程转变。这种教学方法无论对以英语为母语的写作教学，还是以英语为非母语的写作教学都产生了巨大的影响。在我国专业英语写作教学中，该方法的引进与消化更是起到了举足轻重的作用。

2. 过程写作法的具体步骤

（1）明确教学内容与成绩统计的形式

通常，叙议结合的命题作文、非命题作文以及应用文是过程写作教学的主要内容，此外还包含一些自由写作、语篇练习、课堂日记等。每个学期写作课的内

---

① 刘雪绒. 过程写作法在独立学院大学英语中的应用 [J]. 教育界，2015（5）：68-69.

容应在学期初向学生进行展示,以使学生对全部内容有一个大致的了解,做到心中有数。

同时,还应明确成绩的统计方式。过程写作教学法的成绩统计方式是:平时成绩占英语成绩的80%,试卷成绩只占英语成绩的20%。学生在平时的写作中应更多地发挥自己的主观能动性,将提高英语写作的过程重视起来,这样提高写作能力就变得简单而轻松。

(2)了解过程写作的三个阶段

①准备阶段

作文的准备阶段(Pre-writing)需要个人构思与集体讨论。个人构思需要就作文题目进行深入了解和理清思路,需要自由联想或是集思广益。

个人构思的形式主要有以下三种。

一是自由写作(Free writing)。自由写作是指设定一段时间,语法、文字等内容可不做考虑,尽可能地少思考而多写。这种写作形式可有效克服心中有想法但不知如何落笔的思维阻滞障碍。

二是思路图(Mind mapping)。思路图相当于列提纲,具体做法是把作文题目写在一张空白纸上,由作文题目想到的一些关键词迅速记在空白纸上,这些关键词可以是几个简单的词汇或句子,也可以是几个单个的字或短语。思路图的好处是帮助学生记录关键词,方便后期整理成篇,同时,这些关键词所传达出的信息正是文章的主题,对把握文章主题也有很大帮助。思路图还需要再整理一遍,把这些词联系起来使得整体上逻辑清晰,便于写作主题的拓展。

三是启发(Heuristics)。启发是指当学生无话可写时,让学生回答一些问题来启发他们的思维。比如,可以让学生回答以下类似提纲式的问题。

话题:文章的题目所涉及的话题有哪些?

目的:选择这一话题是为了解决什么问题?

知识:对于这一话题,我们掌握了哪些相关知识?哪些知识还需要进行了解和学习?

②起草阶段

如下环节构成了作文的起草阶段:阅读借鉴范文、学习各种写作方法与知识、撰写与修改作文草稿、生生之间彼此借鉴与评论。

第一，教师要对学生进行引导，使学生对大量优秀范文进行阅读与学习，并加以借鉴。这些范文可以是文章中的某个语篇，也可以是完整的文章。

第二，教师要对学生进行引导，使之对各种写作方法与知识加以充分学习，具体包括：对措辞加以变换，以防止重复使用文章语言；构成段落的方法；通过网络、杂志、书籍等媒体对参考资料进行引用等。

需要注意的是，教师无须一次性将上述知识、方式全部讲解给学生，而应当在各篇作文写作过程中，有针对性地分开讲解给学生，并让学生进行练习，唯有如此，方能让学生对上述知识、方式真正理解，做到所学即所用、所用即所学。

第三，学生要反复修改作文，应至少完成1~2篇草稿。教师应当对学生进行鼓励，让他们在草拟过程中，不要抓着语言准确性不放，而应当注重文章整体结构与内容表达方面。

第四，生生之间彼此借鉴、点评文章。通常来说，一个班级中，学生往往有着不同层次的写作水平，有好的，也有相对较差的，因此，学生文章间的相互点评和借鉴可使写作水平较差的学生学到写好文章的方法和技巧，也可以使他们看到自己的不足之处，明确以后努力的方向。

③修改整理阶段

这一阶段是教师审阅最后的修订稿阶段，此时教师才可对学生文章的语法用词进行批改。这一阶段，教师的评语也应由之前的建设性的评语改为评判性的评语。学生也应对教师的评语和修改意见有所反应，也就是学生要依据教师修改意见对文章进行全面的修改，包括修改语言表达形式、语法、词汇、拼写、标点、大小写、句子结构等。

修改没有固定方式，既可以学生自己修改，也可以借助小组形式修改，最终向教师提交修改后的文章。教师也要审评学生集体（小组）或个人修改后的初稿。显而易见的是，学生在修改之后，能够有效提升自己的书面表达能力、监控能力、思维能力、认知能力，真正体现了在写作过程中学习写作的教学原则。

（二）集体讨论法

1.集体讨论写作法的含义

集体讨论的方法，就是听取众多观点。集体讨论是采用多种路径进行讨论的活动，它可以全班一起进行，也可以分小组进行。在集体讨论过程中，学生可以提出在写作过程中遇到的困难，寻求教师和同学的帮助，也可以提出自己的写作构思。

2. 集体讨论法的具体步骤

（1）写提纲

写提纲是写作过程中十分重要的一个环节。总的来说，学生从自身现有的知识结构出发，对主题进行明确，对题材加以确定，对写作目的予以确定，之后便能集中注意力进行思考，开始写作提纲。提纲要简洁清晰，以便于学生整理思路，合理组织文章。

（2）词汇收集与构思

词汇收集就是教师通过写作主题帮助学生想到或输出与作文主题相关的词语，并将这些词语通过图形的方式直接展示给学生。学生看到这些图形会进行自由的联想，从而有更多的思路来确定主题和获取更多的写作方法。

以上是写作的准备阶段，准备工作完成时，学生需要将构思图交到老师手中。老师要认真地看每位同学的构思图，需要注意的不仅是作文话题的最终结果，还要关注学生提纲形成的这一过程。因为相对于结果来说，形成提纲的过程更能体现出学生的思维能力与创造能力，教师在看到新奇的想法时要适时进行鼓励，总体评价要以建设性、鼓励性的评语为主，多些包容，少些批判。

（3）起草阶段

作文的起草阶段（Drafting）主要由范文的写作灵感、各类写作知识和技巧的学习、作文草稿的设计与更改、学生之间的相互评论与学习等四个方面的内容构成。

首先，范文参考。教师应提供一些范文以供学生借鉴和参考。范文可以是一个片段，也可以是整个篇幅。

其次，方法指导。教师要引导学生学习各种写作知识和方法。各种写作知识和方法主要指的是：运用各种媒体像图书、杂志、计算机等；可以征引一些参考资料；设计段落的结构；需要反复言说的词语适当变换措辞。这些写作知识和方法不需要老师逐一进行讲解，而是在写作的过程中分开进行讲解。这样写作时就不容易出现概念混乱，学生写作时也有针对性。

再次，角色修改。好的作文需要进行反复的修改才能成功，要鼓励学生打草稿。对于我国学生而言，英语写作是第二语言的写作，教师应鼓励学生在草拟时忽视语言的准确性，将重点放在文章的内容表达和整体结构上。

最后，点评与鉴赏。学生相互之间点评和借鉴文章。一个班级中学生的写作水平常表现出不同的等级，学生文章间的相互点评和借鉴可使写作水平较差的学生学到写好文章的方法和技巧，也可以使他们看到自己的不足之处，明确以后努力的方向。

（4）教师评阅与订稿阶段

这是教师审阅最后的修订稿阶段，此时教师才可对学生文章的语法用词进行批改。

修改时可以让学生自己进行修改，也可以以小组为单位进行修改，交给老师后，老师再在修改的基础上进行点评。在这一过程中，学生在认知、思维、监控和书面表达方面的能力都有了显著提高，真正体现了学习写作过程中循序渐进的教学原则。

（三）文本语体模块化

1. 课程模块内容设置

（1）基础写作模块

学生写作时在词汇方面会出现很多问题，主要表现在词汇积累不够或是词语搭配不当。对一些已经识记的单词，只是记住了它的表面意思，而深层含义和具体用法不能灵活运用，这是大多数学生不能正确地表达出想要表达的效果的主要原因。因此，在练习时要帮助学生掌握英语词汇的词义和具体用法，了解词语的固定搭配、适用的场合、习惯的用法，真正地掌握词语，这样写出的文章才有深度，才有张力和感染力。

因此，在谋篇布局上，要善于将主题与其他次要内容环环相扣，始终围绕主题句进行阐述。在这个层面上，要向学生介绍写作思路、写作结构设置、写作方法等，常见的写作方法有描述、演绎、归纳等。关键词以及过渡语的使用也非常重要，如果使用恰当的话会为文章增色。

（2）应用写作模块

当学生已经充分掌握基础写作模块后，就可以开始训练应用写作模块。这一模块的训练，旨在实现学生写作操作能力的提升。在教学实践中，其教学目标为对学生英语写作能力进行培养，从而让学生掌握一定的英语应用能力，更好地满足岗位需求。应用写作模块训练对应用性、实用性非常注重，同时结合能力培养与知识学习，对学生进行引导，使之能够熟练写作应用文，并能通过英语书面语顺畅交流、沟通。

实用文体重在实用，还具有写作范围广、种类多、容易驾驭等特点，但在格式、措辞上有特定的要求，因此在写作过程中要使用恰当的语言，在结构上要合理、严谨，语气平和，简洁明了，实用文体有它特有的术语和表达方式。

（3）跨文化意识模块

什么是跨文化意识？它是指学习者能对所学语言的文化有较多的知识积累和文化适应能力以及交际能力。语言的产生是为了进行交流与合作，语言既是交流的工具，又是文化的载体，因此所学语言的文化背景需要了解，这样才能培养对语言认知的敏捷性。

英语教学过程中，跨文化意识的培养能促进学生冲破文化障碍，更好地进行英语学习和沟通。因为没有处理好跨文化意识而产生的误会不在少数，这样会影响沟通，甚至影响以后工作的效率，因此学习跨文化意识非常有必要。

文化迁移现象也是教学中需要注意的。文化迁移所包含的内容繁多，有两个方面的内容需要特别注意。

一是词汇的表达。有些词汇在不同的地区有着不同的含义，需要从不同的视角来使用词语。例如孔雀开屏在中国人眼里象征着吉利与美丽，但在某些西方国家看来，并不是褒义，他们认为孔雀开屏意味着虚荣、势利、炫耀等；红颜色对于中国人来说，代表着喜庆、团圆，而这样的寓意西方人用白色表示。如果不了解中西方文化差异势必造成沟通上的障碍。

二是语体的风格。中西方在语体风格上的追求也不一样，西方人喜欢简练、直接、准确的语体风格，但在中国就崇尚华丽的辞藻和委婉的语言。因此，在写作文章时要有意识地区别不同文化间的差异。

2. 实现课程模块教学的方法

相较于传统教学模式，这种方法具有很强的创新性，且有着如下特点。

这种教学方法旨在对学生综合应用能力进行培养，强调并突显学生主体地位，且对现代多媒体技术进行充分运用。教师在教授不同写作类型时，应当对不同的教学方法进行设计与运用，从而激发学生学习兴趣、写作兴趣，此外，尝试多种教学方法会有效地提高教学效率。

在基础写作模块教学中，教师的教授要与学生的具体写作联系起来，教师要循序渐进，一步步引导学生走进写作。在应用写作模块教学中，还要加入强调以意义为中心的活动，在这些活动中师生的关系应该是平等、合作、共同发展的，让学生在活动中得到写作的提升，从而提高学生应用写作能力。在跨文化意识模块下，教师要充分发挥学生的自主学习的能力，使学生既得到老师的引导，又充分发挥自己的主观能动性，能够独立地寻找素材，能够区别不同文化之间的内涵，随着文化的不同而调整写作策略，提高跨文化领域的写作能力。

（四）交互式写作法

1. 交互式写作的含义

交互式写作是英语写作探索中的一种新型课堂组织形式，它以合作学习理论为指导。交互式写作在教学思想和核心内容方面与合作学习有相同之处。交互式写作重视学生的主体性地位，发挥学生自主探究的能力，再以小组的形式进行交流，充分挖掘学生的潜能。交互式写作的评价标准常常以小组为单位，通过标准的参照体系对团体进行评估，其最终目标是使学生掌握较强的写作能力，提高英语成绩与语言技能。

2. 交互式写作在教学中的具体步骤

在大学英语写作课堂中，交互式写作主要包含以下步骤：分组、激发想法、收集资料、起草、修改、呈现和评价。以上步骤实施起来较为灵活，既可以在课上进行，也可以课下实践，下面以课上练习为例进行介绍。

在学期开始之初，教师组织学生自愿结成可持续一个学期的固定对子，每一个对子的任务都是相同的，他们需要通过分工协作来完成课堂上需要的资料收集和观察作业的前期工作。

在课堂上，教师要引导学生完成从写作理论到写作实践的转化，真正将文章写出来，具体包括讲解作文的基本要求步骤、作文主题和内容的构思、材料的组织、篇章的结构安排、语言的表达形式等，通过这些知识的讲解，使学生在大脑中产生一个全面而系统的写作网络体系。然后安排学生仔细阅读范文，并结合范文对学生提出引导性的问题，以培养学生积极思考和总结的良好习惯。布置练习环节，教师可以给出多个题目供学生来选择，学生可以选择比较感兴趣的话题进行写作，教师组织学生随机分成4~6人小组，各组成员在共享之前备好材料，话题的讨论可以集思广益，在交流中得到灵感，从而获得写作思路，这样对写作大有裨益。

学生先拟定初稿，并对其进行修改，进而小组内成员之间相互评阅，评阅的内容根据每次写作的形式和内容而定，并由教师向学生进行提示，如 Do you like the story as a whole？ Which parts attract you most？ Is it interesting？ What about the end？等。在互评中，学生可以上述问题为依据对同学作文进行评阅，在对原文进行修改后，再附上一段总的评价。

课下教师和学生可以通过互联网或利用每周固定时间就作文进行个别交流。在师生交流和同伴互评的基础上，学生再次对作文进行修改，完成第二稿，再交由教师评阅。教师指出作文中的不足之处，并给出评语。在下一次课上教学，教师选出最佳作文，并由最佳作文的得主展示自己的作文，然后组织全班学生进行讨论。

通过上述介绍可以看出，交互式写作为学生创造了一个轻松、愉悦的学习氛围，充分调动了学生学习写作的积极性，使学生的潜力和创造力得到了最大限度发挥。通过自评和互评，也增强了学生的参与意识、民主意识和竞争意识。

（五）任务教学法

1.任务教学法的含义

苏联心理学家维果茨基在语言和学习理论的基础上创建了基于任务的教学方法。维果茨基强调学习的社会性以及教师和他们的伙伴在促进个人学习方面发挥的重要作用，这个理论体现了认知和语言发展的顺序，强调学习和人际交往的社会层面。他的心理学、社会学、语言学相结合的理论为"任务型教学法"提供了理论基础和语言教学的一个重要启示：它是个体在社会交往中的互动发现、学习、掌握和运用知识的。

虽然不同的研究者对"任务"观点不一致，但教学的核心任务是在学生和教师的具体任务中吸取教训，使第二语言学习者学会促进语言学习。在任务型教学法和学生交际母语能力之间建立现有的和目标语言的桥梁，为学生提供一个很好的学习机会。此外，其能够尽可能地对学生的学习动机进行激发，唤醒其在写作方面的浓厚兴趣，从而让学生愉悦、轻松地开启创作，也有助于对学生自主学习能力的培育。

2. 任务教学法的写作步骤

任务教学法的写作模式大致分为三个阶段，即写前任务阶段、合作写作阶段、修改编辑阶段。下面对这三个阶段分别进行介绍。

（1）写前任务阶段

在写作前的任务中，教师应根据英语写作的要求和学习需要，提供具有叙述性、描述性、论证性、笔记、抽象、简历等具体含义和目的的写作主题和任务给学生。这些任务或是可以将不同的语言形式提供给学生，或是可以将使用正确语言的机会提供给学生，或是有其他作用价值。所以，选择任务后，教师必须对任务的重要性进行强调，同时列举实践中的事例。学生要对其语言结构、形式进行简要分析。

举例而言，在对文摘的书写结构进行分析时，首要任务是对主题加以明确，对文章的意图进行分析；继而对主要内容进行介绍，便于读者对文章的概况进行快速、完整、准确的理解；最后将参考建议或者结论给与读者。

（2）合作写作阶段。

这里说的"合作"，具体而言，就是教师和学生之间、学生和学生之间的合作。在合作写作阶段，学生应当遵照第一阶段中教师的要求以及相关例文，将初稿完成（且不能超过规定时间）。教师可以先将班级中的学生划分为不同小组，对其进行引导，使之运用不同的写作策略（如小组讨论、头脑风暴法、打草稿、速写等）围绕某一任务或主题进行构思、搜索资料。其次，学生建立一个写作结构，为特定类型描绘和勾画剧本。在协作写作过程中，学生们可以分工，也可以合作，但无论采取何种方式，目的都是获取组员对特定体裁的思想精髓。在这个阶段，教师扮演观察员、监督员和助理的角色，根据实际情况调整角色，与学生及时沟通，为学生提供及时和必要的帮助。

（3）修改编辑阶段

初稿完成后，各小组应当选择一名小组代表，对其写作成果进行报告。该代表在报告写作成果时，应当对语言的形式予以注意，尤其要注重写作语言的准确性、流畅性。

针对于此，教师应当扮演好分析师、导师与听众的角色。第一，教师应当扮演好分析师角色，对学生的报告进行分析，继而将作文评价标准提出；第二，教师应当依据这些评价标准，对学生的写作成绩进行评估

经过相互评估，小组审查并修改第一稿以完成第二稿。这样的变化不仅可以提高学生的判断力，而且可以让他们转向读者的位置思考写文章，以提高学生的阅读意识、欣赏与审美水平。

第三节 基于认知语言学的英语写作分析

一、认知语言学对英语写作教学的启示

随着认知语言学理论研究的拓展与延伸，人们发现将图式理论与元认知理论等认知语言学的相关理论运用到英语写作教学过程中可以有效提高教学的质量。下面就来具体分析。

（一）图式理论简述

体裁教学法的理论基础之一即图式理论。"图式"（schemata）最早是由德国哲学家康德提出的，是认知心理学中的一个重要术语。康德认为，图式是连接概念和感知对象的纽带，在对新的知识内容进行接受时，人们唯有在将这些内容联系到自己脑海中已有的知识内容，方能使之具有实际意义。

1. 图式的功能

选择信息、整合信息、理解信息，这三方面是对图式认知功能的主要表现。

（1）选择信息

这里说的"选择信息"，主要指的是信息的检索、编码与注意方面。

首先，注意，即信息加工能力的取向与集中。

其次，编码，即有效加工信息并对之进行存贮。

最后，检索，即将信息从记忆中提取出来。

（2）整合信息

这一过程主要指的是，人们将自己头脑中已存储的内部信息提取出来，并将

之附加于外部信息之上，也就是运用内部信息对外部信息进行处理。在信息的整合过程中，人们依托认知图式比较、分析内部信息与外部信息，通过如下三个步骤发展认知。

首先，同化。即个体过滤刺激输入或者对其进行改变的过程。

其次，顺应。当原因认知结构难以对新环境提供的信息进行同化时，所引起的个体认知结构改造与重组的过程。

最后，平衡。当个体遭遇新刺激时，通过对自己的认知图式结构进行调节、顺应、同化或重建，继而实现认知方面的平衡。

（3）理解信息。

"理解信息"在认知图示中表现为如下三方面。

首先，不同的认知图式，对相同信息有着不同的广度与深度。其次，不同的认知图式，有着不同的其所能理解的外部刺激范围。最后，在理解同一事物时，认知图式的改变，也会让理解角度发生变化。

2. 图式的分类

通常而言，图式从不同角度、不同层次可以进行不同的分类。例如，从语言的认知角度而言，图式可分为语言图式和文本图式；在具体的语言活动如翻译过程中，图式可分为内容图式、结构图式和文化图式。相关专家根据图式与语言教学相适应的情况，将人们的认知图式分为下列几种。

（1）内容图式

内容图式（content schema）是指那些与学习内容相关的背景知识，其中包括学习者已有的背景知识图式以及依赖内容情境的图式。

（2）形式图式

形式图式（formal or organizational schema）指与学习材料的形式、修辞、体裁、组织结构相关的语言文化知识。

（3）语言图式

语言图式（linguistic schema）主要是指与学习任务有关的语言知识以及运用语言方面的能力。

（4）策略图式

策略图式（strategy schema）是学习者所采用的学习策略知识和学习技巧等。

3. 图式的激活

人储存在大脑中的背景知识是一种长时记忆，这些内容只有"被激活"才能得到人们的充分利用。

"理解信息"，就是人们令外界信息内容与头脑中存储的知识彼此作用的过程，并且需要两个同时起作用的激活过程对这种相互作用进行引导，也就是该过程中存在着两种激活图式，即"自上而下模式"和"自下而上模式"。

（1）自上而下模式

所谓自上而下，是利用图式的预期作用对总体或后续信息进行预测。这一模式是一个从总体到部分的过程，又称为"概念驱动"。

（2）自下而上模式

所谓自下而上，即从最低级的图式到最高级图式的激活。该模式是一个从部分到总体的过程，又称为"材料驱动"。

需要提及的一点是，图式的激活是一个多层次的、反复的过程，人们只有激活正确的图式才能切实帮助人们正确理解相关信息。

（二）元认知理论简述

策略教学法的理论基础之一即元认知理论。弗拉维尔，美国著名儿童心理学家，在其著作《认知发展》中，对"元认知"概念进行明确。在弗拉维尔看来，个体所具有的关于自己学习活动、思维活动的监控与认知，就是原认知。元认知既包括认知主体对自身策略、能力、目标、心理状态等方面的认知，又包括自我认知能力和正在发生的认知过程，以及它们彼此作用的认知，也包括自身各种认识活动的计划、评价和调控。

有学者表明，元认知监控、元认知体验和元认知知识是元认知理论中的三种成分，下面本书逐一进行简要阐述。

首先，元认知知识。其指的是主体对认知活动的一般性认识，其通过非意识化或意识化的方式，对认知活动产生影响。元认知知识是主体通过经验积累起来的关于影响认知活动的因素、各因素的作用以及结果等多方面的知识内容。

其次，元认知体验。其是来自主体的体验活动，是人们开展认知活动时经历的情感与认知体验。在人们完成认知任务的过程中，这种体验产生的影响、起到的作用都是非常重要的。一般来说，主体的认知热情能够极大地被积极的元认知体验激发而出，从而实现认知加工效率的大幅提升。

最后，元认知监控。其指的是在认知活动开展过程中，认知主体向正在进行的认知活动转移注意力，将自身的认知加工过程当作意识对象，主动地对其调节、控制与监控。

元认知监控、元认知体验与元认知知识之间相互制约、相互影响又相互联系。

除此之外，弗拉维尔也对元认知知识进行划分，包括学习者知识、学习任务的知识以及学习策略的知识。其中，学习者知识也分为三部分，包括学习者之间的知识、学习者的普遍知识以及学习者自身的知识。

其一，学习者自身的知识，其主要是有关学习者本人或他人的习惯倾向、态度、兴趣等方面。

其二，学习者的普遍知识。这类知识是人们通过后天习得的有关人类认知心理的常见看法和习惯。

其三，学习者之间的知识，主要是学习者与学习者进行的知识比较。在弗拉维尔看来，明确这些有关学习者的知识，有助于人们对所处的世界以及自身有更全面、更深入的了解，继而实现完成认知领域工作效率的提升。

二、认知语言学在英语写作教学中的运用

（一）体裁教学法

人们认为，一个完整的、正确的图式可以帮助人们推测新的事实。体裁教学法在写作中的运用有助于学生看清不同体裁文章的特点、篇章结构及其对交际目的的贡献，从而在脑海中形成图式。当学生下次再遇到这类体裁的写作时，就能根据对应的图式结构，写出一篇符合该体裁语言、结构特点的文章。因此，体裁教学法常用于不同类型文章的写作教学中，如记叙文、议论文、说明文等。根据体裁教学法可以将学生在考试中常遇到的三类作文分析如下。

（1）情景作文实际属于记叙文，包括建议信、告知信、抱怨信等。

（2）图表作文实际属于说明文，一般要求学生以图表信息为依据，对图表进行说明和归纳，最后得出结论。

（3）提纲作文实际属于议论文，具有四种类型。

尽管体裁教学法很容易使学生的写作"千篇一律"，不利于培养学生的创造性思维，但在写作教学的初期使用此法却能有效增强学生学习写作的信心。

（二）策略教学法

当学生在遇到特定体裁、题材的文章时，很自然地会联想到这类文章的写作风格、开展方式。因此，英语写作教学中教授学生一定的认知写作策略（包括构思策略、开篇策略、展开策略、结尾策略和修改策略）对提高学生的写作能力十分有效。

1. 构思策略

构思是写作的基础，它贯穿于写作的始终，对于写作而言十分关键，常见的构思策略有以下三种。

（1）五官启发式

五官启发式是指从看到的、听到的、闻到的、尝到的、触摸到的几方面去思考和搜寻与主题相关的信息。但在写作中，这几个方面没有必要都涉及，可根据具体情况进行选择。

（2）思绪成串式

思绪成串式就是将文章题目写在纸的中间，并画上一个圆圈，然后将所能想到的与主题相关的关键字写下来，画个圈。接着对所写出的关键字归纳总结，最后确定写作思路。

（3）自由写作式

自由写作式是指在看到文章题目之后，就开始对题目进行思考，并将脑海中出现的所有观点都记录下来，记录完之后再返回来阅读所记录的内容，从中选取对写作有用的信息，其余的信息则可删除。这种构思方式不受限制，思路可以完全打开，而且写作的框架也会随思路的扩展而形成。

2. 开篇策略

写作开篇的方式有很多种，这里主要介绍最常用的三种开篇方式。

（1）故事引入

故事引入就是在文章的开头描写故事，并以此引出下文。这种开篇方式很容易抓住学生的目光，激发学生的阅读兴趣。

（2）下定义

下定义是为了帮助学生理解而对某概念或事物给出明确的解释。

（3）开门见山

开门见山就是在文章的一开始就点明主题，明确观点和看法。开门见山是一种最常用的开篇方式。

下例采取了开门见山的方式。

In modern society, many people are money oriented, they believe "money talks" and they try their best to run after money. While in my opinion, money is not all-powerful in some aspects. Many ways can settle the problem of paying the college tuition and fees. As to me I choose to do odd jobs. There are many reasons for it, but in general, they come down to three major ones.

3. 展开策略

（1）按因果关系展开

该策略主要有以下三种形式。

第一，文章既分析原因又分析结果，这种段落展开方式常用于说明文中。

第二，按结果展开，即文章先给出结果，然后再叙述其原因。

第三，按原因展开，即文章开头先描写结果，然后再分述其原因。

（2）按过程展开

按过程展开是按照事情发展的顺序和经过展开，常用于记叙文中。

（3）按时间展开

按时间展开就是按照事件发生的先后顺序来记叙一件事，即先发生的事情先写，后发生的事情后写。这种展开方式常用于记叙文中。

下例采取了先果后因的方式。

More students buy electric fans in our university this summer. This is because of the poor living conditions. There are seven students in a dormitory, which is only fifteen square meters big. Small and crowded, the room is poorly ventilated hat's more, the weather is much hotter this summer than last summer. The highest temperature has reached 40 degrees. The strong sunshine scorches the small room, turning it into a sauna room. Many students have fallen ill in such hot days.

4.结尾策略

(1)警示式

警示式是指根据文中的论点,在文章结尾处解释问题的严重性,以引起学生的重视和思考。

(2)展望式

展望式是在文章的结尾处表达对将来的期望,以增强文章的感染力。

(3)总结式

总结式是在文章的结尾处对全文进行总结概括,以揭示主题,加深学生印象。下例采取了总结式的结尾策略。

To sum up, the multiple possibilities of error are present at every stage of a scientific investigation, and constant vigilance and the greatest foresight must be exercised in order to minimize or eliminate them. Additional errors are, of course, connected with faulty reasoning; but so wide-spread and serious are the consequences that may arise from this source that they deserves separate treatment.

5.修改策略

在完成写作初稿之后,还应对初稿进行加工润色,也就是修改,以使文章更加完整,文章的修改可从以下三方面入手。

(1)主题方面

主题是文章的关键,如果其他方面写得再好,但主题有所偏离,也不能称得上是好的文章。在检查主题方面的错误时,可从以下几个方面入手。

第一,文章的语气是否一致,时态是否恰当。

第二,文章内容是否与主题紧密相关。

第三,文章的主题句是否清晰。

第四,文章是否符合题目要求。

第五,文章的主题是否完整统一。

(2)段落方面

在检查段落方面的问题时,可从以下方面入手。

第一,文章过渡词的运用是否恰当。

第二,文章段落之间是否连贯。

第三,文章段落材料是否充实。

第四,文章段落的展开是否流畅。

(3)语法方面

语法错误是学生写作中最容易出现的错误,所以对于这方面的错误要仔细检查,通常可以从以下几个方面着手。

第一,文章的单词拼写是否正确。

第二,文章的标点符号运用是否正确。

第三,文章的句子是否有语法错误。

第四,文章的句意表达是否清楚。

第八章　基于认知语言学的英语翻译教学

翻译是交换信息、传播文化、沟通世界的重要桥梁，对推动社会的进步、世界文明的发展发挥着重要作用。因此，翻译是大学生必须学习和掌握的一门英语技能，与此同时大学英语翻译教学越来越被人们关注和重视。近年来，认知研究的加深和认知语言学的兴起对推动大学英语翻译教学的改革与发展提供了有力的理论依据，认知语言学翻译观的引入对大学英语翻译教学效率的提高和学生翻译能力的培养具有重要的指导作用。本章主要探讨基于认知语言学的英语翻译教学，主要内容为当前英语翻译教学的综合分析、当前英语翻译教学的要求以及基于认知语言学的英语翻译分析。

第一节　当前英语翻译教学的综合分析

一、英语翻译的认知分析

随着认知科学的发展，语言学研究者对语言有了新的认知，开始将语言置于认知框架中进行研究，认为语言与认知之间有着紧密的联系，同时认知科学的发展触发了以语言为对象的翻译研究发生变化。翻译研究不再受限于传统的译学理论，而是开始深入研究翻译过程的主体认知问题，也就是从认知的角度重新审视翻译的本质。实际上，翻译具有认知属性，这也是翻译的基本属性。从认知角度分析英语翻译，无论对于翻译研究本身而言还是对于英语翻译教学而言，都具有重要的意义。

（一）翻译的认知心理过程

很多学者一直都热衷于翻译过程的研究，并提出了不少独到的见解。但这些见解或是从语言学的角度进行说明，或是从文化传播的角度进行探讨，都没能深入涉及翻译过程的核心本质：翻译过程是译者的心理认知过程。

翻译很长时间都是作为语言学的附属学科存在的，所以很多学者都从语言转换的角度来分析翻译过程。例如，奈达将翻译过程总结为分析、转换、重组与检验四个阶段，而四个阶段中的前三个阶段都是围绕语言而展开，最后的检验阶段则涉及读者这个第三者，在整个翻译过程中，译者的主体地位则被忽视。翻译的过程是十分复杂的，而且是动态的，但忽视译者的主体地位则会使翻译过程简单化、静态化，而且也不能有效解释语言之间是如何发展转换的。

相较于语言学视角下的翻译过程论，文化视角下的翻译过程论更为宏观，认为翻译过程是一种文化的移植过程，或是两种不同文化的接触。不可否认，这种过程观突破了语言学派翻译过程观的范围，让人们认识到了更多影响翻译过程的因素，但无论受何种因素的影响，都要通过译者的思维劳动才能有所体现，也就是说，译者对翻译思维过程起着主导作用，其他所有因素只有间接通过译者才能发挥作用。因此，文化学派的翻译过程研究仅仅对翻译过程研究的外延进行了拓展，对于狭义的过程翻译研究则没有多大助益。

随着认知科学的产生与发展，认知科学对狭义翻译过程的研究起到了十分有利的作用。就整个翻译活动而言，无论从社会、文化还是历史的角度将其扩延为从译本选择到译本接受的过程，译者的心理认知过程都是其核心。从认知科学的角度而言，翻译过程就是译者接受信息、理解、选择、阐释、表达文本意义的心理认知过程。由于外力作用，翻译过程有时会表现出被操控和改写的特征，但译者的认知能力仍在其中发挥决定作用。

（二）认知语言学翻译观

通过上述内容可以了解，翻译的过程是一个认知心理过程，是一种认知体验活动，译者的主体认知活动在翻译中发挥着重要作用，这实际上也是认知语言学翻译观的内容。此外，认知语言学翻译观认为，尽管译文是译者体验与认知的结果，受认知活动的影响，但译者也受其他参与翻译活动的认知主体之间活动的影响。因此，翻译活动并不是任意进行的，而是"创而有度"，注重作者、译文（即译者）和读者之间的平衡互动。下面就通过认知的视角来理解翻译活动的特点与本质。

1. 翻译具有体验性

根据认知语言学的理论，人们对概念和意义的理解主要源自人们对客观事物的感知和经验，实际上翻译就是在这种感知和经验的基础上实现的，因此翻译具有体验性。具体而言，翻译的体验性可从以下几个方面来理解。

从作者的角度来讲，在作品中作者对事情的理解主要源自其本身的生活体验，无论是创作素材还是创作灵感，都源自作者对于生活的体验，也就是说，作者通过语言所创作的文本实际上是作者对客观世界体验的结果。

从译者的角度讲，译者作为翻译活动的主体，其对作者原文本的理解也源自其本身的体验性活动。因为译者只有深刻感受和体验作者创作文本时的背景和目的，才能明白和理解作者文本的中心思想和内容，继而实现准确传递信息的意图。与此同时，译者要考虑读者的感受，因为译者的译文最终是给读者看的。

从读者的角度讲，读者对作者作品的理解和认知，也是来自他们的体验性活动。

2. 翻译具有互动性

由以上内容可知，翻译的体验性不仅涉及译者，还涉及作者和读者，由此可知，翻译是一种多重互动的认知活动。翻译活动中的互动主要包含以下几种。

第一种是认知主体之间的互动，具体包括作者与译者间的互动、译者与读者间的互动。

第二种是译者与源语间的互动。

第三种是译者与目标语间的互动。

基于认知语言学翻译观，译者在作者与读者之间起着重要的桥梁作用，在具体的翻译过程中，译者应自觉协调好上述几种关系，从而获得最佳的翻译效果。

3. 翻译具有创造性

翻译具有创造性特点，这也是翻译活动认知属性的具体体现，具体可从以下几个方面来理解。

在翻译活动中，译者首先是作为对原作的阐释者而存在的。就此而言，翻译的过程也就是解释的过程，即译者对原作的解释过程。译者对原作的解释并非简单的阐述，而是对另一种文化和生活的再体验与再认知。但因译者本身的知识结构、翻译目的的不同，解释出的文本也会不同，这也就解释了为什么相同的原作会有不同的译本。总而言之,翻译是一种认识活动,它的实现基于对外界的感知和体验。

翻译活动可以说是一种创造性的叛逆,因为翻译过程涉及两种不同语言间的转换,而两种不同的语言之间存在着各种差异,译者想要译出的译文做到完全与原作忠实是不可能的。因此,认知语言学理论认为译者在翻译过程中需要发挥其创造精神,也就是在翻译的认知转换过程中发挥自身的自主创造性。在进行创造性翻译时,译者会遇到各种障碍和问题,并需要对这些障碍和问题进行调整,这就意味着译者应当有很多的自由发挥空间。但译者的自由并不是无度的,而是需要主动思考隐藏于语言背后的真实含义,并利用读者可以理解和接受的方式将其进行体现。

4. 翻译具有语篇性

认知语言学翻译观认为,翻译的基本单位并不是单词和句子,而是语篇。翻译活动要体现出语篇层面的主旨、整体意义和风格,语篇的整体意义影响和制约着语句中的各类意义。因此,译者在翻译实践中要从整个语篇着手,要具有语篇意识。

5. 翻译涉及两个世界

认知语言学翻译观认为,翻译涉及客观与主观两个世界。这就需要译者在翻译过程中认真考虑作者想要表达的客观现实(客观世界)和认知情感(主观世界)。一方面,译者要深刻了解作者对客观事物的认知;另一方面译者要结合语篇信息以及背后的文化信息,将作者真正想要表达的思想传递出来。

二、当前英语翻译教学现状分析

虽然现在的大学英语翻译教学被越来越多的人关注和重视,但仍然存在一些问题,这些问题制约着大学英语翻译教学的进步和发展。因此,要想提高大学英语翻译教学的效果,首先要了解其现状,并在此基础上明确教学的内容,并遵循一定的原则有序地开展教学。

(一)教师翻译教学现状

1. 对翻译教学重视不足

相较于英语听、说、读、写技能教学,教师对翻译教学并没有足够重视,认为只要掌握了英语的其他技能，翻译也就能自然掌握了。加之语法教学长期在我国英语教学中占据主导地位，因此教师很容易忽视翻译教学的重要性。此外，大学英语四、六级考试对翻译也不够重视，尽管翻译已成为大学英语四、六级考试的常设题目，但在总分值中所占的比例很少，只占试卷总分值的5%，这样少的分值很难引起教师和学生的重视。而且命题的形式也十分简单，难以系统考查学生的翻译水平，更不能使学生翻译能力达到社会发展的要求。由此，很多教师并不会花心思创新教学方法开展翻译教学，多是肤浅地比较两种语言的异同，向学生介绍一些常见的翻译技巧，缺乏系统的训练。教师对翻译教学的不重视，使得英语翻译教学被置于大学英语教学的边缘地位，教学效果自然就难以提高。

2. 对翻译教学存在认识误区

对翻译教学存在认识误区也是导致教师对翻译教学不够重视的一个重要原因。教师对翻译教学的认识误区主要在于常混淆"翻译教学"和"教学翻译"的概念。让·德利尔曾对教学翻译和翻译教学进行了明确区分，他认为教学翻译即学校翻译，是为了学习、运用和深入了解某种语言而采取的一种方法，也就是一种教学方法。对翻译教学和教学翻译进行区分是非常重要的，因为能够树立一种正确的教学理念，对教师的教学观念和效果有着直接的影响作用。一旦教师将两个概念相混淆，用教学翻译替换翻译教学，就会将翻译教学当作语言练习的一种手段，也不会进行全面系统的教学，翻译教学的效果自然不会得到提高。

3. 教学方式不佳

由于教师并没有给予翻译教学足够的重视，所以也习惯于沿用传统教学方法，不会花费很多时间、精力来探索新教学方法。如前所述，传统教学方法注重讲评练习，主要是对学生学习中的一些典型错误进行评析。这样的教学方法不仅费时费力，教学效果不佳，而且也占据了学生的自主思考和自主学习的时间，不利于学生积极性的激发和自主学习能力的培养。

4. 课程设置不合理

在课程设置方面，大学英语翻译教学也存在不合理的状况。大多数学校都将翻译作为公共选修课来开设，而且开设的学期也很少，相较于必修课，翻译课时明显较少。甚至有些院校不开设公共选修课，而是将翻译教学穿插在听、说、读、写课程中，将其作为英语教学的一种实施手段，课程设置不合理，课时得不到保障，会直接导致学生无法系统地学习翻译，学习效果自然不佳。

（二）学生翻译学习现状

在大学英语翻译教学中，不仅教师的教学现状不佳，学生的翻译学习也存在诸多问题，具体体现在以下几个方面。

1. 理解存在问题

词义理解是翻译的基础，只有准确理解词义，才能有效进行翻译。但很多学生并不能根据上下文或具体情境准确理解词义，一旦词义理解不准确，在翻译中选择词义时就会遇到障碍，从而不能准确进行翻译，这里以 develop 为例进行说明。develop 的基本含义是"发展"，因此对于"They have developed an interest in gardening.""The aim of this course is to develop the students' reading skills."这两句话，学生将翻译为"他们对园艺发展了兴趣""这门课的目的是发展学生的阅读技巧"。出现这样的翻译显然是理解出了问题，虽然"发展"是 develop 的基本含义，但也要根据 develop 在行文中的搭配、组合关系来判断其真正含义。根据上下文关系，上述两个句子应译为"他们对园艺产生了兴趣""这门课的目的是培养学生的阅读技巧"。

2. 容易"的的不休"

机械翻译是很多学生在翻译中普遍存在的问题，往往是一见到形容词，就不加变通地译为"……的"。这实际上是一味进行直译的极端结果，这样虽然表面上做到了"忠实"，但忽视了源语语境，而且生搬硬套原文词义、句式，只会使译文更显啰唆。例如：

The decision to stop attacking was not taken lightly.

停止进攻的决定不是轻易做出的。

虽然上述翻译并没有错误，但是十分机械，而且不地道，不符合汉语的表达习惯。将上述英语句子翻译为"停止进攻的决定经过了深思熟虑"会更显通顺和自然。

3. 翻译句型模式化

我国学生的翻译还存在翻译句型模式化的问题，这里以被动语态的翻译为例进行说明。被动语态在英语中有着较为广泛的使用，所以，当学生看到类似句型，便不动脑筋，直接用"……被……"进行翻译，导致译文变得千篇一律，甚至别扭、生硬。例如：

It is considered of no use learning a theory, without practice.

脱离实践学理论被认为毫无用处。

尽管这样的译文并不算错，却与汉语的行为习惯不相符。被动语态在汉语中使用的频率远不如英语高，所以在翻译英语被动语态时，可酌情译为汉语主动句，上述句子可译为："人们认为脱离实践学理论毫无用处。"

另外，学生翻译句型模式化的问题还体现在翻译方式呆板、不灵活。学生在翻译过程中常习惯对原文进行逐字逐句的翻译，原文有多少词，译文中就有多少词，缺乏必要的变通。例如：

In autumn the leaves fell from the trees and the grasses became yellow.

秋天到了，叶子从树上掉下来了，草也变黄了。

上述翻译虽然表达了原文的意思，但语言表达十分啰嗦，也不符合汉语的表达习惯。这实际上就是学生逐字逐句翻译的结果，读来别扭，令人费解。对原文进行调整翻译，译为"秋天到了，叶落草枯"。这样不仅语言简洁，而且表达流畅，也易于被人接受。

4. 不善处理语序

在语序方面，英汉语言有着显著的差异。在论述一件事情时，英语往往是开门见山、直奔主题，而在表达逻辑复杂的语句时，也多借助丰富的连接词或通过形式变化等手段，按照句子的意思灵活安排。与此相比，汉语则习惯按照一定的逻辑顺序逐层叙述，如由事实到结论、由原因到结果等。在进行翻译时，很多学生都无法突破英语原文的语序，通常原文是什么语序，译文就是什么语序，从而使得译文别扭，甚至会造成词序或句序错误。例如：

It is simple that they do the same things in different ways.

只不过是不同的人做同样的事以不同的方法。

上述是学生严格按照原文语序进行的翻译，这样的译文读来十分别扭，而且不符合汉语的表达习惯。英语原文做以下翻译则更佳："只不过他们用不同的方式做同样的事情而已。"

5. 不能灵活处理长句

英语属于形合语言，因此长句在英语中十分常见，而这也是我国学生翻译的困难所在。面对英语长句，尤其是面对句中的定语从句、短语、前置词等，学生常常不知所措，不懂应当如何处理，因此其翻译中总是出现一些外语式长句，与汉语表达习惯并不相符。

例如：

Since hearing her predicament, I've always arranged to meet people where they or I can be reached in case of delay.

听了她的尴尬经历之后，我就总是安排能够联系上的地方与别人会见，以防耽搁的发生。

显而易见，这一译文的翻译者不懂怎样对英语长句进行处理，继而导致译文混乱，读者读后很难弄清其想表达的含义。其实，用"汉语分句"表述"英语长句"，能够获得更简洁、简明的效果，读者读之也更易理解。我们不妨这样翻译上述英语长句："听她说了那次尴尬的经历之后，每每与人约见，我总要安排在彼此能够互相联系得上的地方，以免误约。"

（三）翻译教材现状

虽然现在有很多全国性统编教材被用于大学英语教学，但是针对大学英语翻译教学的几乎没有。据统计，现在的翻译教材、翻译手册等多达几百种，但这些教材的内容和框架有着很大的相似性，而且，现在的翻译教材多以语言为导向，忽视了理论部分的编写。关于翻译教材存在的一些问题，这里总结为以下几点。

（1）大部分翻译教材主要针对的是语言结构和句型的分析，缺乏一定的创造性。

（2）大多数的翻译教学没有明确的目标，不能很好地满足学生的需求。

（3）翻译教材没有与市场需求相联系，不利于学生的未来发展。

（4）关于翻译策略的探讨，翻译教材只关注语言与文本，而忽视了其他的相关因素，如社会、文化、政治等。

（5）翻译教材中的译例多取自文学作品，这种过于文学化的译例不利于学生的理解。

（6）翻译教材中的语言材料缺乏科学性和时代性，不利于学生学习实用的翻译技巧。

（7）针对语篇翻译，翻译教材甚少提供背景知识。

（8）很多的翻译教材都没有考虑教师和学生的心理，不能有效地激发学生学习的积极性。

通过以上分析可以看出，翻译教材无论在编写上还是使用上都存在不同程度的问题，这些存在翻译教材中常见的一些问题，也是急需解决的一些问题。

三、当前英语翻译教学的内容分析

翻译涉及的内容是非常广泛的，因此翻译教学的内容也十分丰富和广泛。概括而言，大学英语翻译教学主要包含以下几点内容。

（一）翻译基础理论

大学翻译教学的首要内容就是翻译基础理论，因为学生只有对翻译基础理论有一定的了解，才能在宏观上掌握翻译的基本思路，才能加强翻译实践应用能力。具体而言，翻译基础理论知识主要包括对翻译本质的认识、对翻译的标准和过程的了解，认知译者应具备的素质、工具书的运用等。

（二）翻译技巧

翻译属于实践性活动，在翻译活动中必然要用到各种翻译技巧，这是保障翻译有效进行的基础，所以一些常用的翻译技巧是大学英语翻译教学中不可或缺的内容。所谓翻译技巧，就是在准确传递原文信息的基础上，对原文的表现方式和角度进行改写的方法。在大学英语翻译教学中，教师应教授给学生的翻译技巧有直译、意译、音译、增译、省译、正译、反译等。

（三）英汉语言对比

英语翻译涉及英汉两种语言之间的转换，要想有效进行翻译，必然要对英汉语言之间的差异有所了解，这是翻译有效开展的基础，因此英汉语言对比也是大学英语翻译教学的重要内容。具体而言，教师在教学中可重点向学生介绍英汉语言在以下两层面上的对比：英汉语言在词义、句法、文体语篇等层面上的对比；英汉语言在文化、思维层面的对比。

（四）人文素养

翻译除了是语言转换活动，也是文化信息交流活动。在翻译实践中，经常会遇到政治、历史、经济、文化等各个方面的内容，如果不了解相关的文化背景，就无法有效进行翻译。因此，在高校英语翻译教学过程中，一些与翻译相关的文化背景知识便成为重要内容。英语教师应在开展英语翻译教学过程中，将文化知识补充给学生，对学生的人文素养进行培养，实现学生英语翻译能力的提升。

四、当前英语翻译教学的原则分析

大学英语翻译教学的有序开展离不开科学教学原则的指导，这里就对常见的几项原则进行具体说明。

（一）循序渐进原则

循序渐进原则是所有教学都应遵循的基本原则，大学英语翻译教学也不例外。所谓循序渐进，就是由浅入深、由易到难地开展翻译教学。通过循序渐进地开展教学，学生学习起来才会有信心，才能渐渐培养起对翻译的兴趣。如果接触的语言翻译材料难度太大，学生在理解和翻译时就会遇到困难，继而会影响他们继续学习的兴趣。就知识结构而言，教学在选择翻译材料时，应尽量避免科技方面的材料，因为科技翻译材料难度较大，不利于学生积极性的激发。

（二）认知原则

通常，学生多会在自己已掌握知识的基础上接受和学习新的知识，同时学生会依照自己的思维方式和认知特点来选择适合自己的学习方法和策略。对此，在翻译教学过程中教师要遵循认知原则，即充分了解学生的特点与个性，并据此设计一些适合学生并能激发学生学习兴趣的教学活动，以培养学生的创造力和自主学习能力。

（三）系统原则

语言是一个复杂而又庞大的系统，系统内部包含着各种要素，各个要素之间相互联系，而且有规律可循。翻译教学也是一样，翻译教学也是一个复杂的系统工程，并有自身的规律和方法。所以，系统原则也是大学英语翻译教学中教师应遵循的重要原则。具体而言，教师应根据翻译的基本规律、学生和社会需求来制订科学系统的教学大纲，系统地培养学生的翻译能力，进而提高学生的翻译水平。

（四）交际原则

语言的重要功能就是交际，而且交际也是外语学习的最终目的，因此大学英语翻译教学的开展也应遵循交际原则。外语交际能力主要包括准确接收信息的能力和准确发出信息的能力，但就翻译而言，交际能力还包括准确转换信息的能力。在大学英语翻译教学中，教师应始终遵循交际原则，以使学生在课堂上所学的知识能够有效运用于交际实践。

（五）文化原则

语言与文化密切相关，所以作为语言活动的翻译也与文化有着紧密的联系，翻译不仅是两种语言间的转换，也是两种文化的沟通和交流，可以说翻译学习就是一种跨文化交际活动。翻译与文化之间的关系要求学生必须了解和学习不同语言国家的政治体制、风土人情、思维方式、生活习惯等，只有这样才能顺利地提高翻译水平。因此，在大学英语翻译教学中，教师要遵循文化原则，多向学生补充文化知识，将学生置于跨文化交际的语境之下开展教学，从而培养学生的跨文化交际能力。

（六）情感原则

大学生有着丰富的情感思想，学习动机、学习态度、学生兴趣以及自身的性格，这些都会影响他们的学习效果。因此，在大学英语翻译教学中，教师应遵循情感原则，恰当地引导和调控学生的学习态度和情感，激发学生学习翻译的兴趣，锻炼学生的自主学习能力，继而培养学生的翻译能力。

第二节　当前英语翻译教学的要求

一、以学生为中心的翻译教学

（一）"以学生为中心"教学的概念

"以学生为中心"的教学是由于翻译教师仅作为知识的传授者和指导者的角色已远不能满足教学的需求，因此教师应通过多种途径突出学生的中心地位，形成课堂上的新型师生关系的一种教学模式。这种教学模式认为翻译是对两种语言的创造性运用,因此翻译活动应涵盖在交际框架下的语言活动、文化活动、心理活动等内容。这种教学模式重视英语翻译教育的发展趋势,特别重视翻译教学环境和学生作为教学主体这两个因素。由于翻译教学环境趋向于提倡、建立一种交际性的课堂教学形式,也就是要努力创建一种能培养学生独立开展创造性语言转换以及语言交际的环境,因此也就应该特别重视社会背景和文化迁移在翻译教学中的作用。此外,这种教学模式认为教师不应再被认为是翻译操练中的带头人、翻译材料的介绍人或译文好坏的评判者,而应在翻译教学的过程中,明确学生是积极的创造者,而不是消极的接受者;要重视学生的不同个性、学习风格、学习策略以及在学习过程和学习内容上的学生智力因素。

总而言之,翻译教学坚持"以学生为中心",就是要对学习过程中学生具有的积极作用予以充分重视,将学生学习的自信心充分激发、学生学习的积极性充分调动,尽可能让学生自己对学习方法、学习内容进行控制,同时要对学生进行鼓励,使之在教学活动的各个环节积极参与,让其成为自己学习的主要"责任人"。

(二)"以学生为中心"教学的特点

1. 教师引导,学生为主体

教师在传统翻译教学模式中,地位较为权威,因此在过去,教师总是在讲台上时刻不停地讲,而学生则埋头苦"听",飞速做着笔记,实际上,这是一种单向灌输的学习模式,也是人们常说的"填鸭式"教学法。

而教师在"以学生为中心"的教学模式中,则转变了自身角色,不再是"主演",而变成了"导演",起到对学生的引导与辅助作用。学生则成为教学课堂中的"主演",应当积极主动地掌握翻译知识,并对其进行熟练应用。

2. 教师和学生融洽合作,教学突出实践

"以学生为中心"的翻译教学模式,注重在"译"中让学生对技能进行学习。我们都知道,翻译这门课程不光有理论,更重视理论结合于实践。在《如何改进英语翻译教学》一文中,王鸣妹曾表明,"好的理论以实践中获得的材料为依据,好的实践又以严谨推断出来的理论为指导……"在其看来,在对英语翻译进行习得的过程中,学生应当将理论作为基础指导,通过大量实践练习以及反复参考、对照译文，对课堂中所学的翻译技巧进行更好地掌握，最终实现翻译能力的进一步提升。

在《翻译观念与教学模式也应"与时俱进"》中，黄青云认为，新的现代教学理念表明，教师在开展翻译课堂教学时，应当对学生进行鼓励，使之先去"译"，并在这一过程中不断学习。由于在"译"的过程中，学生需要对工具书及其他相关资料进行查阅，对自身所具有的知识经验进行综合运用，因而能够以此为基础，立足新角度对已学的内容进行思考与探索，同时也能对这些翻译技巧、方法、理论进行更好的理解，最终实现学习目的——积累经验并对相应知识进行掌握。例如：

But I was also struck by something else: that among all those decades' worth of family documents my parents had looked through, the delivery bill was the only thing they thought of sufficient interest to pass along.

几十年来，我们家积累下那么多的单据，仔细看过之后，我父母的唯一有保存意义的就是那张接生费用账单。

大部分学生在翻译伊始，会将 document 译作"文件、资料、票据"等，然而，当他们细心翻阅词典后，就会恍然大悟，在英语中，"document"意为"a writing that conveys information"，所以，再与语境结合后，不难分析出，"单据"是对"document"一词准确的翻译。

3. 共同参与评价

传统的以教师为主体的评价方式在"以学生为中心"的教学模式中也应被改变，要确保多元化的评价主体，对多层面评价（教师与学生之间以及学生与学生之间的互评、自评等）进行组织。

教师可以依托如下步骤，彻底向学生赋予评价之权。

首先，教师对学生进行划分，使之分为几个小组。

其次，在详细教授完一种翻译方法，或者阐释完一种翻译示例后，教师要将课前选定的相应翻译练习布置给学生。

再次，学生完成练习后，教师可以让其开展小组讨论，对组内一致认同的优秀译文进行评选。

随后，教师对各小组译文进行检查，并逐一给予评价，将译文中的不足与优点进行阐明。

最后，教师将参考译文提供给学生，对学生进行鼓励，让其敢于评价参考译文，指出其中的不足，继而与学生一起对某种译法的效果进行探索、讨论。

4. 重视学生独立翻译能力的培养

"以学生为中心"的翻译教学模式旨在对学生独立的翻译能力进行培养，而非仅仅教会学生如何对某些句子或文章进行翻译。这种教学模式对翻译过程分外重视，想要通过教师的指导，帮助学生学会对原文的准确理解，并且通过恰当的技巧来表达自己的译文。同时，为了让学生将自信心树立起来，教师在批改学生的作业时应当抱有积极态度，避免过多地批评斥责。

（三）"以学生为中心"教学的活动安排

1. 开列阅读书单

为了让学生能够在短时间内对科学的翻译理论知识进行掌握，教师向学生推荐阅读书单是一个很好的办法。教师可向学生推荐《翻译简史》《翻译理论与技巧》《中英文化习俗比较》等书籍，学生可以通过这种方式学会用普遍的原理来处理个别的实例，之后再经过老师的指点，就可以将实例上升到理论上去，做到真正融会贯通。

2. 多进行笔译、口译练习，消除文化障碍

学习口笔译的学生要具备坚实的双语素养、丰富的文化知识和运用翻译策略的技巧，特别是在口译教学中，跨文化沟通认知对学习口译的学生十分重要。许多口译初学者在翻译过程中出现错译或误译，并非因为他的语言能力欠缺，而是因为他遇到了无法解决的文化障碍。所以，只有进行不断的翻译实践，才能消除可能出现的文化障碍。

3. 采用多媒体教学手段

由于语言运用是一种多感官的体验，可以通过不同的媒介或者不同的感官渠道传输语言信息，所以很有必要采用现有的多媒体技术进行英语翻译教学。目前很多的学术讨论会、记者招待会或者国际交流性质的互访宴会等都会采用同声翻译录像、光碟，在翻译教学中就可以利用这些录像、光碟，来创造模拟的现场效果，从而进行英汉或其他语言的互译实践。

二、注重培养跨文化意识

（一）跨文化意识的概念

在阐述跨文化意识之前，我们首先要了解何为"跨文化"，其指的是不同民族文化之间的对话与交流。现如今，政治一体化、经济全球化以及社会活动全面发展，国与国之间也有着频繁的跨文化交流，有着不同文化背景的人们彼此交流的趋势持续增强。在他们交流的过程中，有一种工具必不可少、分外重要，那便是"语言"。语言与文化有着密不可分的关系，同时，对于文化而言，语言是其突出的表现形式和重要组成部分，所以可以说语言承载着文化，而各民族不同文化又在不同语言中深深根植。

人类的文化交流可谓历史悠久，自语言诞生之日起，一直到现如今，人类的文化交流都以"语言"为工具。因此，想要实现跨文化交流（即不同文化之间彼此沟通交流），就要借助翻译的力量。如果没有翻译，我们就很难实现跨文化交流。可以说，翻译是跨文化的桥梁，在传递信息过程中，其发挥着关键且重要的衔接作用，因此也充分展现出翻译人员的重要价值。

在跨文化交际研究中，"跨文化意识"是非常重要的内容，指的是外语学习者能够较好地掌握所学习的目的语文化知识，同时其交际能力、适应能力较强，能够如目的语本族人一般对问题进行思考以及做出反应，开展种种交往活动。我们也可以说，跨文化意识即跨文化交际中，外语学习者独有的判断能力、思维方式以及对交际过程中不同文化因素的敏感性。在交际过程中，参与者拥有跨文化意识就能得到指导与启发，避免遭受文化差异负面影响，即便没有具体交际事务，跨文化意识也能引导外语学习者的思考与学习。

假如译者未能充分了解语言承载的文化，就很难对原句希望表达的意思进行准确无误的传递，所以，在跨文化交际中，很多译者都会促使自己或是自觉或是不自觉地形成一种认知的标准和调节方法，即形成一种跨文化意识。这也意味着，跨文化意识是译者特有的交际过程中对文化因素的敏感性以及思维方式、判断能力。

由于不同文化背景的人有着不同的惯用的表达方式，所以，译者不仅要基本功扎实，更应尽可能实现自身对文化差异敏感性的提升，与自身判断理解相结合，将原文所想传达的意图忠实、恰当、正确地表达出来。对于译者来说，培养这种意识与能力是非常重要的。

交际的质量受到跨文化意识的有无或者程度强弱的直接影响。我们都知道，现如今，英语基本成为一种跨国界的通用标准语言。然而在使用英语进行交际时，不同民族文化的交际者有着较大的语用习惯差别。所以，英语学习者在参与交际时，应当针对具体场合做到"量体裁衣"。

举例而言，当英语学习者和美国人进行交流时，由于其自信、坦率，所以应当较少使用"might"等词语；而在与北欧人进行交流时，由于其节奏较慢、凡事喜欢做计划，所以应适当将语速放慢，确保字句详细清晰；与日本人进行交流时，应当针对不同级别的人对不同的称谓进行使用等。在跨文化交际中，这些都是交际者应当具备的跨文化意识。

（二）在翻译教学中培养学生跨文化意识的方法

为对学生的跨文化意识进行培养，教师不仅要针对语言基本功对学生进行训练，还要引导、帮助他们对交际文化因素加以熟悉，使其对知识文化的内容有更全面、深入的掌握。在翻译教学中，教师往往对如下策略进行采用，实现学生跨文化意识的培养。

1. 重视文化知识

在开展翻译教学时，教师应当重视将文化知识要点传授给学生，要对语言与文化知识的结合予以侧重。课程教学告一段落后，教师要总结归纳教授的文化知识与语言知识，从而使学生习得的语言文化知识系统化。教师特别要注意，让文化知识的考核在期中考试、期末考试中占据一定比例。

2. 运用灵活的教学手段

教师开展英语翻译教学时，要对各种教学手段灵活运用，可以采用直观教具（如多媒体、英语实景电影纪录片）等进行教学。授课结束后，教师也要让学生畅所欲言、踊跃讨论。同时，教师也要事先提醒学生，在对纪录片或电影进行观看时，要对影片中西方人日常生活情景多加留意，如人们在路上相遇时的交谈、打电话时脱口而出的习惯俚语、顾客在餐厅和服务员的对话等。对于学生而言，这种教学方式能够有效帮助其对基本交际文化知识进行获取。

3. 提高学生的阅读量

教师应当从各年级学生的英语学习程度出发，在教学过程中适当地、有选择地对部分英语国家出版的、与其国家文化内容相关联的报刊、书籍等进行引入，将其作为学生阅读的材料，实现学生文化知识面的拓展，使其对英语国家知识文化了解程度得到进一步深化。教师也可以将剧本或者短篇故事作为学生的阅读材料，让他们在阅读故事的过程中，对有意义的文化细节进行记录。

在西方国家，很多以现实生活为题材的剧本、小说中，都涵盖丰富的有关西方文化的内容，学生对其进行阅读，有助于深入了解该作品背后的国家文化。

当然，教师也可以让学生阅读一些跨文化交际学方面的书籍，从而进一步帮助其认识、理解文化差异，如《从翻译史看文化差异》（王克非）、《跨文化交际学概论》（胡文仲）、《跨文化非语言交际》（毕继万）、《超越语言》（胡文仲）等。

4. 合理运用外籍人士资源

"合理运用外籍人士资源"，主要指的是学校对外籍教师进行邀请，使之作为短期讲学者为学生授课，或者学校定期邀请外国专家、外教并举办相关文化的主题讲座等。部分学校时常会举办一些与西方文化有关的讲座或报告会，在学生看来，这些活动幽默有趣、生动新颖，所以对它们颇为欢迎。除此之外，因为这一做法无须进行较大投入，却能取得良好效果，所以是现阶段我国大部分地区高校可以选用的优秀教学法。

同时，大部分学校都提倡学生多与以英语为母语的外国人进行沟通交流。个人间轻松随意地交流，能够让学生额外学到很多难以在课堂上学到的东西。不过，现如今，由于这种方式受到多方面制约，所以未能得到广泛运用。

5. 将教学内容融入相关的文化

教师在教学过程中，应当与具体情境相结合，在相关的文化知识中融入教学内容。教师不妨将课前几分钟利用起来，对英国、美国有关知识进行讲解，尤其是对文化差异方面的知识进行分析阐述。

举例而言，当圣诞节到来的时候，教师就可以将其与中国的春节进行对比，分析二者的共通之处与差异，让学生有更深刻的了解。

除了上述几种方法外，还有很多方法能够实现对学生跨文化意识的培养。国内外众多研究者对跨文化意识培养的有效方法的探讨从未停歇，伴随跨文化交际学、教学法、社会心理学、社会学、人类学等学科研究的发展，人们一定能探索出更多行之有效的对跨文化意识进行培养的方法。

第三节 基于认知语言学的英语翻译分析

一、认知语言学对英语翻译教学的启示

基于认知语言学理论的视角，对翻译教学中的语言能力和认知能力、句法以及语篇有以下几点启发。

（一）语言能力与认知能力密切相关

在认知语言学看来，人们的认知能力和语言能力之间关系十分紧密。针对自然语言来说，其既是人类对世界进行认知的产物，也是人类开展认知活动时所需的工具。人类自身的语言能力，并非封闭的独立能力，其与人类的认知能力有密切关系。认知能力和语言能力之间存在的关系是密不可分的。

举例而言，当我们用"漂亮"称赞一位女士时，往往会说"她有着姣好的面容"，而不会上来就说"她的双手很干净"或"她的头发又长又黑"。之所以会出现这样的认识观，主要就是因为人们认识一个人的长相开始于对其相貌的认识，长相决定着人们关注点和外界对其的外在评价。可见，人们的语言能力始于认知，而又固定成为人们认知的表达方式。所以，认知语言学坚称，语言能力不是无根无源、凭空而来的，认知能力就是语言能力的前提，语言能力以其为基础，又对认知进行服务。

（二）句法并非一种自足范畴

著名语言学家乔姆斯基首创了转换生成语法理论，并表明"句法自足"的观点。这一观点对人类语言能力的本源进行揭示。除此之外，乔姆斯基潜心研究句法，在其有关研究中，详细分析、阐述了"人类语言的无限生成"观点。

从认知语言学理论出发，句法密切关联于语言的几大层面——语用部分、语义部分、词汇部分，同时，这几大部分的界限并不明确。举例而言，"初级考试还没通过，就不要想高级考试了"，这句话中"还"这一副词，语用意义就很强，

能够对"进一层"的意思进行表示,也暗示着接下来会提出程度更甚的事例加以衬托,从而将说话者的主观态度彰显出来。上述阐述也表明,在处理句法时,是无法与"语用推测"相分离的。因此,语用、语义、句法总是互不分离、彼此交织的。

由于在句法地位认识上,认知语言学和形式语言学观点不同,所以其对待形式化也有着截然不同的态度。形式语言学希望对数理逻辑等方法进行借助,形式化地描写句法及其生成过程,但是认知语言学却表明,应当综合各认知因素、语用因素进行处理。

人在自然中生活,所以在对句法进行构思时,一定不会脱离自然这一客观现实随意想象。所有句法都是人类对自然进行认识、改造的产物。一般来说,语法的固定化、系统化,无法脱离于语言的"语法化"。语言中囊括的大量虚词,通常以实词为前身,实词虚化,虚词更加虚化,继而使得语法成型并系统化。伴随人类认知的逐步深化,人类语言也得以显现。

(三)语言属于非离散范畴,而非离散范畴

依照认知语言学的相关理论,语言中的各种范畴都是"非离散"的,同时,彼此之间有着并不明显的边界。长期以来,传统语言学也好,形式语言学也罢,都抱有一种离散范畴观,在它们看来,每个范畴都是独特的,有着自己的内在特征,如若不能与之相符,则不能被纳入其中。

"模糊性"也是语言的特点。世界本身就具有模糊性,"白"与"黑"并非绝对,而是相对的。因而一定有一个过渡带存在于"黑"与"白"之间,在这条过渡带两侧,任意两点都能被称之为"黑"和"白",而实际上,这两点属于相对关系,而并非必然关系。同理可得,人们无法明确界定何为"鸟",也就是说,人们很难界定何种类型动物不是"鸟",而何种类型动物是"鸟",只能对"鸟"这一范畴内的典型成员进行鉴定,以此为参照系,如"企鹅""鸵鸟"等划为"鸟"的动物,相较于典型成员来说,缺乏典型特征,所以人们将其视为非典型成员。同理,在人们心目中,划归为鸟的"动物"地位并不平等,有较差的样本和较好的样本的区分,即存在等级上的分别。认知的非离散范畴化势必在语言上有所反映,造成语言的非离散范畴化。

二、认知语言学在英语翻译教学中的运用

（一）注重训练学生的认知能力

基于认知语言学的翻译教学，要求教师应在认知图式的启发下，注重训练学生的认知能力。要想更好地培养学生的认知能力，通常需要从以下两大方面着手。

一方面，应当将相关于认知图式的知识传授给学生，同时，也要将相应的认知过程的方法教会学生，从而对学生进行培养，使之具有如下能力：记住图式、处理信息的能力和依照信息形成具体图式的能力。

另一方面，应对学生实践认知图式方法的能力进行重点培养。其一，要使学生在对新知识进行学习的过程中，与大脑中存储的固有图式密切结合，提升对知识进行学习、吸纳的速度，从而实现学生掌握新知识技巧的优化，实现其翻译相关基础知识积累的提升，继而为其日后翻译活动提供前提、打下扎实基础。其二，要对学生实践认知方面能力的强化予以重视，一般来说，可采取让学生在理解翻译材料时着重运用以往知识框架体系之类的方法，基于此实现大脑中加工、处理翻译信息的过程，在对翻译材料的理解进行深化的同时，要借助大脑中的认知图式进行相关预测，进而取得理想教学成效。

举例而言，当我们在面对 Money is liquid（金钱/资金是流水）这一概念隐喻时，往往能生成多种日常语言表达式。在对其进行翻译时，一般来说，我们应当与自身体验（即自身已有认知图式）相结合，对其进行如下理解：水属于液体，具有浮力与流动性，往往会在气温变化时出现状态改变，如变为固体或者气体；而在目标域的经济领域中投射这些概念，就会形成其概念隐喻——"金钱/资金是流水"，继而产生如下表达：

liquid assets 流动资产

frozen assets 冻结账户

cash flow 现金流

Investment has been dried up.

投资被蒸发掉

从中不难看出，在两个不同概念域间的映射，就是概念隐喻，具体而言，就是在目的域映射源领域的知识、特征、关系、本体等。对源领域的认知图式、推

理模式进行借助，对目的域加以理解。隐喻，从本质而言，就是对一类事物进行借助，继而对另一类事物进行理解与体验。所以，在我们构建感知世界、积累知识时，"概念隐喻"往往起到的作用是至关重要的。

（二）结合翻译教学内容增加相关的认知培训

教师在具体翻译教学实践中，应当在教学内容中添加部分密切相关于教学内容的认知培训，依托于此对实际翻译过程中学生的认知能力进行培养。简单而言，教师要引导、帮助学生，利用心理认知方法，实现笔译材料理解能力的不断提升。如此，学生对源语的理解也自然而然得到深化，为最终将源语翻译为目的语夯实基础。此外，教师还应当引导、帮助学生将丰富多彩的认知图式建立起来，持续提升学生利用图式对语篇进行理解、连贯上下文的能力。

同时，教师也应当对学生进行指导，使之能够利用认识法，对相关翻译内容做出相应决断，通过图式结构有效预测自己翻译的语篇，运用翻译材料所涉及的特定文化认知模型重构目的语篇，并利用认知理论方法，展开对学生遣词造句能力的训练，继而达到原译文概念间的对等，保证学生能够生动、准确地翻译有关材料，真正实现翻译"信、达、雅"。

总而言之，无论是翻译教学的具体操作还是基本原则，都应将"认知"作为指导。这主要是因为翻译自身就是一种认知过程，所以，当人们开展翻译活动时，大脑的活动也应当对认知的一般规律进行不同程度的反映。

（三）注重训练学生对语篇、语块的整体理解

英语教师在开展口译教学时，应当对如下理念予以倡导：强化自上而下的认知理解过程训练，对学生进行引导，使之逐渐克服以词汇为中心的听解方法，取而代之为自上而下的、以句法结构为单位的听力训练。之所以如此，其原因在于"对口译材料进行理解"，是口译的第一步，也是非常重要的一步。在此举一个典型例子加以分析。

原文：At present, Xiamen University has 61 sections contained in 26 departments.

原译：今天，厦门大学有 61 个专业，还包括有 21 个系。

改译：今天，厦门大学有 21 个系，可开出 61 个专业。

在对这句话进行翻译时，通常也应着眼于整句话的信息，在对整句信息进行

有效把握的基础上，找出句中的关键词，然后分析关键词前后的逻辑关系。

这句话中"contained"固有的语言逻辑属于被统领或者从属的关系。原译在翻译时忽略了"系"与"专业"应为线性序主从逻辑关联，而非线性序并列逻辑关联，所以为从"Xiamen University（厦门大学）"预设下文的 sections（专业）与 departments（系）的逻辑序列，结果造成翻译的错误，而改译则对这一问题进行了修正。

所以，在把握、理解口译材料时，要高度重视对相应认知方法的掌握。通过认识法，口译者能够在很短暂的时间内，对口译信息进行有效记忆。所以，在教学实践中，英语教师应当将具体的认知法传授给学生，将学生对材料语篇的整体理解作为重点培养内容，使之将句法结构作为口译材料的切入点，继而帮助学生在头脑中生成短暂的牢固记忆，实现印象的深化，让学生能够更轻松地加工、处理口译信息，最终将流畅、完美的译文呈现出来。

参考文献

[1] 李家敏. 认知心理学教学观在高校英语听说教学中的应用[J]. 海外英语, 2022（14）: 83-85.

[2] 曹祥英, 李慧. 具身认知理论在英语听力教学中的策略研究[J]. 牡丹江教育学院学报, 2022（03）: 80-82.

[3] 王莹. 元认知理论与高中英语阅读教学的探索[J]. 中学生英语, 2021（40）: 11.

[4] 刘婧, 陈清. 体验认知教学模式在大学英语教学中的实施路径[J]. 成都师范学院学报, 2021, 37（05）: 104-111.

[5] 刘亚敏. 培养英语听力元认知意识教学实践研究[J]. 英语广场, 2021（14）: 109-111.

[6] 王启梦. 认知教学方法指导下的高中生英语学习策略探究[J]. 校园英语, 2021（18）: 190-191.

[7] 宁辛. 基于元认知策略理论的初中英语听力教学模式研究[D]. 宜昌: 三峡大学, 2021.

[8] 宋倩倩. 基于合法化语码理论的高职英语课程人文美认知教学例析[J]. 高教论坛, 2021（03）: 90-93.

[9] 刘薇. 高校公共英语课教学中的元认知策略运用分析[J]. 海外英语, 2020（18）: 159-160.

[10] 郭丹, 张白玉, 贺毅夫. "具身认知"指导下的高职英语有效教学活动设计原则研究[J]. 海外英语, 2020（12）: 240-241.

[11] 邓云华, 易佳. 基于认知视角的大学英语作者立场教学探究[J]. 外语电化教学, 2020（03）: 17-22, 29, 3.

[12] 张强. 情境认知学习理论在大学英语教学中的应用[J]. 延边教育学院学报,

2020, 34（03）：134-136.

[13] 向雅芳. 概念隐喻视角下的英语习语文化认知教学 [J]. 文教资料, 2020 (11)：214-215.

[14] 李树光. 初中英语词汇教学中元认知策略培训的实证研究 [J]. 华夏教师，2019（27）：43.

[15] 何小鸟. 认知结构教学理论在高中英语课堂教学中的应用 [J]. 新智慧，2019（23）：1.

[16] 胡艳. 多模态认知教学模式下大学英语课程设置初探 [J]. 校园英语，2019（25）：16.

[17] 陈丽. 高三英语听力教学元认知策略现状及对策研究 [D]. 重庆：重庆三峡学院，2019.

[18] 范静静. 认知配价理论指导下的教学对高中生英语动词短语学习的影响 [D]. 扬州：扬州大学，2017.

[19] 吴吉东. 入场理论视域下英语复句认知及其教学研究 [D]. 上海：上海师范大学，2017.

[20] 唐磊，江晓敏. 社会认知教学模式下的学生英语议论文语步特征分析 [J]. 大学英语（学术版），2017，14（01）：73-79.

[21] 刘婧. 体验认知教学模式在 ESP 中的构建与应用——以财经英语课程为例 [J]. 成都师范学院学报，2017，33（02）：78-83.

[22] 高华，李晓霞. 高职英语元认知教学的综述性研究 [J]. 明日风尚, 2016 (23)：395.

[23] 胡亚雪. 初中英语词汇认知策略教学的问题与对策研究 [D]. 海口：海南师范大学，2016.

[24] 余秀娟. 英语词汇的隐喻认知教学策略研究 [D]. 南昌：江西科技师范大学，2016.

[25] 秦怡. 认知视角下的英语主谓一致及其教学研究 [D]. 长沙：湖南师范大学，2015.

[26] 吴荣秀. 基于浸入式教学理念的初中英语认知渗透教学探究 [J]. 中外企业家，2014（29）：166-167.

[27] 祝青. 英语介词的具身性与介词的认知教学进路分析 [D]. 延安：延安大学，2013.

[28] 陈卓. 基于元认知策略培养的高职院校英语听力教学研究 [D]. 长沙：湖南师范大学，2012.

[29] 贺高燕. 基于认知语言学的英语词汇教学逻辑探索 [J]. 教学与管理，2020（03）：103-105.

[30] 王大维，王中立，王军. 新时代科技英语翻译路径研究 [M]. 南京：南京东南大学出版社，2018.